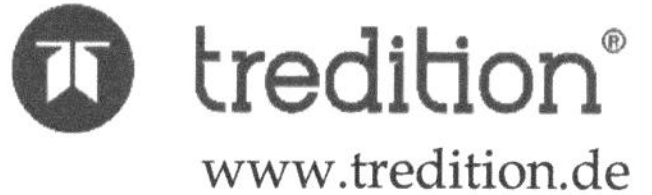

www.tredition.de

Diethard Friedrich

Voyage de Lapponie

Von Jean Francois Regnard.

Eine Nacherzählung

Die amüsante Lapplandreise dreier Franzosen
im Jahr 1681

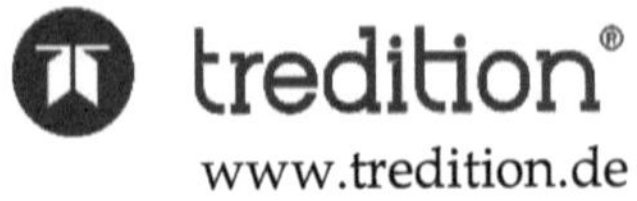

Verlag und Druck: tredition GmbH, Hamburg

ISBN
Paperback: 978-3-7482-0667-5
Hardcover: 978-3-7482-0668-2
e-Book: 978-3-7482-0669-9

Inhalt

Vorwort:

Jean Francois Regnard kam 1655 in Paris als Sohn eines Pariser Kaufmanns zur Welt, der mit Stockfisch und Salzhering sein Vermögen gemacht hatte, aber früh verstarb. Schon als Schüler begann er Verse zu schmieden. Im Alter von 16 Jahre machte er ein großes Erbe und ging darauf für zwei Jahre auf Reisen, die ihn auch nach Istanbul führten. Im Jahr 1676 ging er dann zusammen mit seinem Freund Fercourt auf eine Italienreise, auf der er das Ehepaar Prade kennenlernte und sich in die Frau unsterblich verliebte. Gemeinsam nahmen sie ein Schiff von Genua. Seeräuber kaperten das Schiff und verkauften alle Vier auf dem Sklavenmarkt in Algier, wobei das Ehepaar getrennt wurde. Später wurden aber alle Vier unter Vermittlung eines Mönchs freigekauft. Doch das Sehnen nach der Angebeteten blieb unerhört, da auch ihr Ehemann wieder auftauchte.

Schon bald darauf ging der unternehmungslustige, nicht unvermögende Regnard 1681 zusammen mit seinen beiden Freunden, dem adeligen Fercourt und dem jungen Juristen de Corberon auf Reisen, ursprünglich nur nach Flandern. Doch die kurze Reise sollte sich auf zwei Monate verlängern, in denen die Drei zunächst dem dänischen Königshaus folgend von Amsterdam nach Oldenburg im Ammerland und weiter über Bremen bis nach Hamburg reisten. Von dort ging es weiter bis nach Kopenhagen, wo den jungen Männern besonders die hübschen Däninnen ins Auge fielen. Doch als man sie darauf hingewiesen hatte, dass es auch in Schweden bezaubernde Frauen gäbe, wollten die unternehmungslustigen, jungen Männer auch dem schwedischen König ihre Aufwartung machen, nachdem sie nun schon vom dänischen in Kopenhagen empfangen worden waren. Der Schwede Karl XI. hatte viel Zeit für sie und empfahl ihnen, ihre Neugier doch in Lappland zu stillen, was zwar zu seinem Herrschaftsgebiet gehöre, aber herzlich unbekannt sei. Sämtliche notwendigen Papiere, Passierscheine und Empfehlungen wurden angefertigt, so dass die Reise gen Norden in Stockholm am 23.Juli 1681 starten konnte, die sich dann aber über sechs Wochen bis zur Rückkehr nach Tornio hinzog. Bei der Reise war es auch ihre Absicht, den bekannten Kirchenherrn Johannes Tornaeus in Tornio aufzusuchen.

Ihre Tour führte sie dann von Tornio am bottnischen Meerbusen, das östlich des Flusses und gegenüber der heutigen Grenzstadt Haparanda (finn. Haaparanta) liegt, immer am Tornio Fluss entlang Richtung Nordwesten bis zum Tornio See (schwed.

Torneoträsk), wo der Fluss seinen Ursprung hat. Dort erklommen sie dann die höchste Stelle des Gebirges und konnten bei guter Sicht das Eismeer sehen - wie sie meinten. Wahrscheinlich aber haben sie damals den norwegischen Herjangsfjord bei Narvik gesehen. Wenn man heute von der finnischen Wintersportstätte Kiruna (schwed. Giron) immer Richtung Nordwest fährt, geht die Straße am Tornio See direkt vorbei bis nach Narvik, dem bekannten norwegischen Seehafen auf der Höhe der Lofoten. Auf dem Weg zu ihrem Ziel war eine ihrer Stationen Köngäsen (finn. Kengis), wo der Munio Fluss in den Tornio mündet. Sie besuchten die Bergwerke von Junosuvanno (schwed. Gundsavvon) und mit einem Abstecher auch Svappavaara und die Kirche in Jukkasjärvi (schwed. Cohkirras), in unmittelbarer Nähe des Sautusjärvi (Sautus See).

Obwohl Regnard ganz offensichtlich ein präzises Tagebuch während dieser Reise geführt haben muss, ist es dennoch schier unmöglich, derartig viele Kenntnisse über Ess-und Sexualsitten der Lappen, deren Kleidung und ihrer Herstellung und vieles mehr in so kurzer Zeit zu erfahren, zumal auch teils winterliche Themen erwähnt werden, obwohl die Reise im Sommer stattfand. Auch die physikalischen und geologischen Passagen lassen Zweifel aufkommen.

Aber gerade wegen dieser so vielen, farbenreich geschilderten Beobachtungen, der Lappen selbst und der Tierwelt in umfassender Form und der vielen Erlebnisse, ist die Geschichte höchst amüsant und kurzweilig zu lesen, wobei allerdings immer wieder auch thematisch viele Wiederholungen auftreten, die aber das Gesamtbild nur noch vertiefen. Beim Lesen spürt man die literarische Begabung des jungen Mannes, der nach dieser Reise noch ein bekannter Komödienschreiber werden sollte.

Zwar wusste man im siebzehnten Jahrhundert schon vieles über Lappland. Aber dennoch war es für die meisten Europäer herzlich unbekannt, was wiederum auch die Neugier reizte, als das Werk *Lapponia*, eine Beschreibung Lapplands und ihrer Bevölkerung mit allen Sitten und Gebräuchen der Lappen, von dem berühmten *Professor Johannes Scheffer aus Uppsala* 1673 in Frankfurt am Main in Latein veröffentlicht wurde. Wegen des allgemein hohen Interesses kam es sehr bald danach 1674 in Oxford in englischer, 1675 in Frankfurt und Leipzig in deutscher und 1678 in Paris in französischer auf den Markt. Bei Scheffers Werk handelt es sich um eine zusammenfassende, wissenschaftliche Gesamtsicht des damaligen Kenntnisstandes über Lappland unter Nennung sämtlicher Autoren und Originaltexte sowie seiner namentlich genannten

Mitarbeiter. Gerade hier unterscheidet sich Regnards Bericht, dessen Geschichte ein Erlebnisbericht ist, dabei viel über Lappland und seine Menschen erzählt, jedoch so gut wie keine sicheren Quellen angibt. Es muss davon ausgegangen werden, dass Regnard diese Beschreibung vor Reisebeginn oder auch danach gelesen haben muss, zumal er auch der lateinischen Sprache mächtig war. Das Buch Lapponia wird aber nirgends erwähnt. Nur der Name Scheffer taucht irgendwann einmal in einem Nebensatz am Ende der Erzählung auf. In jedem Falle aber sind so viele Passagen übereinstimmend, dass wohl gesagt werden muss, dass Regnard große Teile schlichtweg abgeschrieben hat, auch wenn er sicherlich vieles selbst erlebt und erfahren hatte oder ihm persönlich berichtet worden ist. Beim gleichzeitigen Lesen beider Werke fällt auch die sich häufig gleichende, chronologische Struktur mit Scheffers Inhaltserklärung auf, die Regnard dann mit Erlebnissen gefüllt hat.

Erwähnt werden muss, dass die Längenangaben von Regnard oft vorne und hinten nicht stimmen. Mal redet er von schwedischen, dann wieder von französischen Meilen, mal mischt immer wieder auch alles durcheinander. Es ist auch kaum glaubhaft, dass man an nur einem Tag von Uppsala bis nach Stockholm rund 80 Kilometer mit einem Pferd durch die Wälder unter erschwerten Bedingungen reiten kann. Auch die Geldangaben in französischen, schwedischen und sonstigen unterschiedlichen Währungen sind heute sehr schwer nachzuvollziehen. Am besten ist es, dass man beim Lesen nur an teuer oder günstig denkt. Regnard selbst aber mangelte es wohl nicht am Geld.

Scheffers *Lapponia* dürfte der Grund sein, warum Regnards Reisebericht über Lappland, so amüsant und interessant er auch ist, abgesehen von den Schummeleien, vielfachen Übertreibungen und immer wiederkehrenden kleineren Übertragungen aus Scheffers Lapponia ohne Quellennennung, nicht sogleich veröffentlicht wurde, sondern nach Regnards frühzeitigem Tod im Jahr 1709 im Alter von nur 54 Jahren erst im Jahr 1731 publiziert wurde. Als Ursache des frühzeitigen Todes Regnards wird ein Schlaganfall oder ein Suizid diskutiert. Sehr viel passender zum Leben Regnards aber ist die Beschreibung, die in der schwedischen Ausgabe von 1946 *Resa i Lappland* von Paul-Erik Öhman zu lesen ist: Danach soll nämlich Regnard, als er einmal sehr stark unter Darmverstopfung litt, spontan zu einem starken Abführmittel, was für eines seiner Pferde verordnet war, gegriffen haben. Dann war es doch ein Suizid, aber unbeabsichtigt.

Der dem Verfasser vorliegende vollständige Reisebericht von Regnard beschreibt die gesamte Reise und beginnt mit Voyage de Flandre und setzt mit folgenden Abschnitten fort: Voyage de Hollande, Voyage de Danmark, Voyage de Suede, Voyage de Lapponie und endet mit Voyage de Pologne und mit Voyage d´Allemande. Hier aber soll nur der Teil ab Deutschland und zurück bis Stockholm erzählt werden, weil dieser mit dem Hauptteil über Lappland für den/die Leser/in am interessantesten und abwechslungsreichsten ist, zumal dieser nördlichste Teil der Erdkugel auch heute im dritten Jahrtausend kaum für viele Menschen bekannter sein dürfte.

Wenn man sich in die Beschreibung Lapplands von Scheffer selbst vertieft, so sind diese oft sehr langatmig und etwas trocken, was bei einer wissenschaftlichen Synopsis unter Nennung sämtlicher Quellen normal sein kann. Aber trotz der vierhundert Jahre alten deutschen Sprache und des alten Schriftsatzes lässt sich auch dieser Text sehr gut lesen.

Ganz anders bei Regnard, dessen Reisebericht und Darstellungen oft schmunzelnd und textlich leichter gelesen werden können, was dazu führte, dass dessen Werk sehr bald auch posthum sich gut vermarktete, zumal die Geschichte über die Bestattung des bekannten Kirchenherrn Tornaeus auch leicht komödienhaft dargestellt wird ebenso wie das Liebesleben der Lappen seinerzeit etwas anders gewesen sein dürfte, wenn es denn überhaupt so stimmt. Dabei kann einem häufiger auch der Titel „Dichtung und Wahrheit" in den Sinn kommen.

Das passt gut zu Regnard, der nämlich erst nach diesen Reisen sich zum bestens bekannten Komödienschreiber Frankreichs nach Moliere entwickelte. Regnards Komödien wurden seinerzeit auf allen Bühnen Frankreichs gespielt, obwohl Jean Francois Regnard heute niemand mehr im Gegensatz zu dem älteren Jean-Baptiste Moliere (1622 – 1673) kennt. Regnard schrieb fünfundzwanzig Komödien. Davon war die 1768 erschienene Le Légatair - der Alleinerbe - die erfolgreichste. In Paris gibt es auch eine nach ihm benannte Straße, Rue Regnard, die rechts vor dem Odéon Théatre abgeht.

Schaut man auf die geografische Karte, so muss man feststellen, dass sich die Grenzen Lapplands im Gegensatz zu der Staatszugehörigkeit in den letzten fast vierhundert Jahren kaum verändert haben. Das am nördlichsten gelegene norwegische Lappland gehörte im siebzehnten Jahrhundert wie ganz Norwegen zum Königreich Dänemark. Ganz

Finnland, damals auch einfach Oestland genannt, einschließlich des mittleren Teils Lapplands gehörte zur schwedischen Krone, was sich erst 1809 ändern sollte. Und der östliche Teil Lapplands gehörte zum damaligen Großfürstentum Russland.

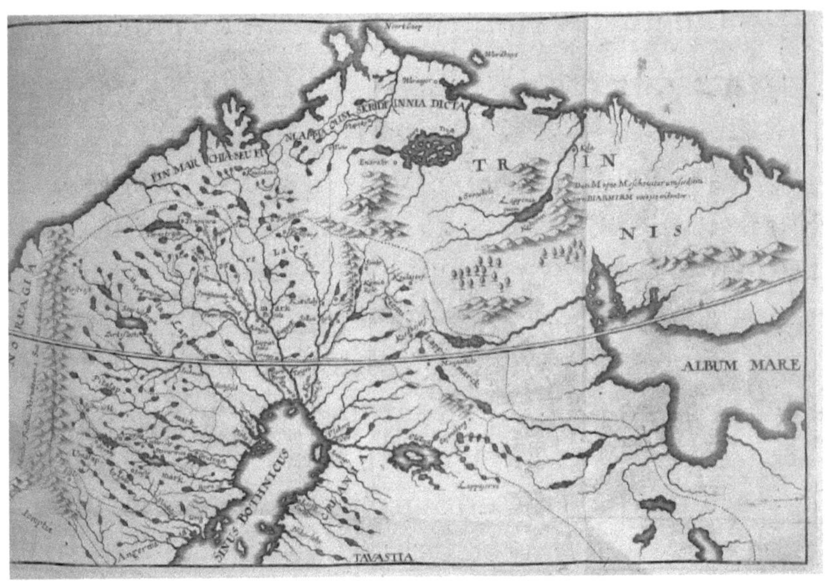

Bei Regnard und in Scheffers Originalschrift einschließlich aller anderen dort zitierten Autoren wird immer von den Lappen gesprochen. Der Begriff der Samen kam erst, sich von der norwegischen Seite ausbreitend, sehr viel später in den heutigen Sprachgebrauch. Darum ist in diesem Werk ebenso wie bei Scheffer, deren Beschreibungen mehrere Jahrhunderte alt sind, immer nur von den Lappen die Rede.

In schwedischer Sprache erschien der übersetzte Reisebericht, *Resa i Lappland,* erstmalig 1946 mit ausführlichen Kommentaren. Die finnische Ausgabe kam 1982 heraus, *Retki Lapiin.* Eine deutschsprachige Version der Regnards Reiseerzählung von Jean Francois Regnard gibt es laut Auskunft der *Deutsche Nationalbibliothek* im Gegensatz zu *Lapponia* von Scheffer bisher nicht.

Dem Nacherzähler von Regnards Reisebeschreibung liegen die Originalversionen in französischer, schwedischer und finnischer Ausgabe ebenso wie die Kopie der originalen Beschreibung Lapplands, Lapponia, von Johannes Scheffer in deutscher Sprache vor. Weil alle Ausgaben teils im Wort ein wenig differieren, verständlich auch aus der Sicht der natürlichen Sprachveränderungen in den Jahrhunderten (siehe Anhang), ist statt einer originalgetreuen Übersetzung die Form einer Nacherzählung gewählt worden, die sich aber sehr eng in ihren sprachlichen und inhaltlichen Aussagen an das Original anlehnt. Auch die humorvolle Ausdrucksweise Regnards sollte sprachlich zum Ausdruck kommen. Die im Anhang befindlichen Auszüge aus

Scheffers Lapponia sind im Original einschließlich der damaligen Schreibweise so belassen worden.

Die Schreibweisen der Orte unterscheiden sich oft. So weit möglich wurden die Namen sowohl in schwedischer als auch in finnischer Sprache erwähnt. Oft sind es nur minimale Unterschiede. So heißt das damals verwaltungsmäßig schwedische Torneo auf Finnisch Tornio, was aber auch mehr der Bezeichnung der Lappen und der finnischen Sprache entspricht.

Literatur:

- Oeuvres de Regnard, Tome Cinquieme, Page 59-194, Voyage de Lapponie; Verlag Pierre Didot et Firmin Didot, 1801
- Retki Lapiin , (Finnische Übersetzung), Marja Itkonen-Kaila, 1982, Verlag Otava Keruu, ISBN 951-1-06767-2
- Resa I Lappland, (Schwedische Übersetzung), Paul-Erik Öhman, Söderström Verlag, Helsingfors (Helsinki) 1946,
- Joannis Schefferi von Straßburg, Lappland, Neue und wahrhaftige Beschreibung, In Verlegung Martin Hallervorden, Königsberg/Preussen, gedruckt 1675, Originalkopie: Herzog August Bibliothek Wolfenbüttel.

Abbildungen:

Die Abbildung entstammen dem Werk Lapponia von Joannis Scheffer mit Genehmigung der Herzog August Bibliothek, Wolfenbüttel.

Entstehung der Nacherzählung:

Kurz nach der Öffnung der DDR Grenzen fand der Nacherzähler in Wernigerode (frühere DDR) in einem Antiquariat fünf kleine, ledergebundene, französisch sprachige Bücher in Oktavgröße von Jean Francois Regnard, erschienen 1801 im Didot Verlag Paris, die er spontan erwarb. Daheim begann er zu lesen und fand neben sehr vielen Theaterstücken auch einen Reisebericht von 1681 von Paris bis nach Lappland und zurück über Polen und Deutschland. Obwohl der französischen Sprache nur bruchstückhaft mächtig, erregte besonders der Bericht über Lappland seine Aufmerksamkeit. Doch dabei blieb es zunächst für die nächsten dreißig Jahre, bis er den fünften Band mit der Lapplandgeschichte wieder in die Hand nahm. Er fing an, sich zu informieren, hatte er doch einen nicht nur antiquarisch, sondern auch inhaltlich und geschichtlich interessanten Fund gemacht. Als er merkte, dass es auch eine finnisch- sprachige, im letzten Jahrhundert erschienene Ausgabe existiert, konnte er auch diese antiquarisch erwerben, zumal er diese Sprache besser als das Französische beherrscht. Im Vorwort zur finnischen Ausgabe wurde schon auf die Lapponia Ausgabe von Joannis Scheffer hingewiesen. Die deutschsprachige Version hiervon erhielt er dann in einer Kopie des

Originals von der Herzog August Bibliothek in Wolfenbüttel. Zusätzlich fand er in einem Antiquariat auch eine Übersetzung ins Schwedische in einer Ausgabe von 1946. Jetzt hatte er alles beisammen und konnte immer vergleichend an die Übersetzung oder - besser gesagt - an die Nacherzählung der fesselnden Geschichte gehen, die ihn oft auch lächeln oder auch wundern ließ, wenn man an den historischen Wandel denkt.

Die meisten Kommentare stammen von wikipedia.se; wikipedia.fi und wikipedia.de sowie den Hinweisen zu den Übersetzungen von Paul-Erik Öhman und Marja Itkonen-Kaila.

Damit gibt es jetzt auch eine deutsche Ausgabe der Reisegeschichte, die bisher nicht existierte, allerdings in einer fast getreuen Nacherzählung

Diethard Friedrich

Kapitel Nr. 1

Auch wenn eine Reise beschwerlich ist, kann sie dennoch durchaus vergnüglich sein. Aber die mit derartigen Unternehmen verbundenen Anstrengungen bremsten uns keineswegs, im Gegenteil, sie steigerten sogar unsere Reiselust. Diese alles überwindende Passion ließ uns unbemerkt weiter als ursprünglich beabsichtigt ziehen. Obwohl man von Paris aus eigentlich nur nach Holland aufgebrochen ist, merkt man plötzlich überraschend, bis an die Grenze der Welt gekommen zu sein. Jedenfalls erging es mir so. In Amsterdam hörte ich, dass der Dänische Hof gerade in Oldenburg weilte, was in gut drei Tagen zu erreichen war. Dem Dänischen Hof hätte ich nur Überheblichkeit und herzlich geringes neugieriges Interesse gezeigt, hätte ich mich nicht dazu durchgerungen, diese kurze Reise bis Oldenburg auf mich zu nehmen.

Doch wie es der Zufall so wollte, war der dänische König[1] nur zwei Tage vor meiner Ankunft

---

[1] König Kristian V. aus dem Hause Oldenburg

dort abgereist. Man sagte mir, ich könne ihn sicherlich in Altona antreffen, was von Hamburg nur einen Musketen Schuss entfernt liegt. Mein eigener Stolz verlangte von mir, meine ursprüngliche Absicht auch in die Tat umzusetzen. Und so setzte ich meine Reise noch für drei weitere Tage fort. Außerdem ist Hamburg eine alte, weltweit bekannte Handels- und Hansestadt, deren Befestigungen und Stadtverwaltung geradezu hervorragend sind. Eigentlich sollte ich dort dann dem Dänischen Hof begegnen. Aber ich traf wiederum nur einen Teil der von mir erhofften Personen an. Lediglich der königlichen Witwe und ihrem Sohn, Prinz Georg, konnte ich meine Aufwartung machen, da beide gerade nach Bad Pyrmont aufbrechen wollten. So erkundete ich Hamburg und war mit dem Gesehenen durchaus zufrieden. Aber da ich nun mal so lang gereist war, nur um dem dänischen König meine Referenz zu erweisen, fühlte ich mich verpflichtet, bis in seine Residenzstadt zu reisen, wo ich ihn auf alle Fälle antreffen würde.

Also reiste ich nach Kopenhagen. Unser Botschafter stellte mich dem König vor und mir wurde die außerordentliche Ehre zuteil, die Hand des Königs zu küssen und mich mit ihm eine Weile lang zu unterhalten.

Mein Aufenthalt in Kopenhagen war außerordentlich angenehm. Ja, ich begegnete dort so lebensfrohen und hübschen Frauen, dass mir die Trennung von Kopenhagen richtig schwerfiel, wenn man mich nicht damit getröstet hätte, in Schweden mindestens ebenso bezaubernden Holden zu begegnen. Auch wollte ich unbedingt den schwedischen König treffen, so dass ich meine Reise in Richtung Stockholm fortsetzte. Schließlich hatten ich und meine zwei Freunde dann die außerordentliche Ehre, den schwedischen König Karl XI.[2] zu begrüßen und die Gelegenheit, uns mit ihm persönlich sogar über eine Stunde lang zu unterhalten. Als er hörte, wir würden nur wegen unseres Wissensdrangs und unserer Neugier gern reisen, sagte er uns, Lappland könnte für uns Wissenshungrige besonders interessant sein, einmal wegen seiner Lage und seiner Einwohner, besonders aber, weil deren Lebensart-und weise den Europäern völlig unbekannt und fremd sei. Er befahl seinem Finanzminister, Graf Sten Bielken[3], uns sämtliche

---

[2] Karl XI. (1655-1697) stammt aus dem Hause der Wittelsbacher und übernahm die Krone schon als Fünfjähriger. In seiner Regierungszeit von 1655-1697 war er auch gleichzeitig Herzog von Bremen-Verden. Zum Zeitpunkt des Treffens mit Regnard waren also beide mit 26 Jahren gleichaltrig.

[3] Die Familie Bielke gehört zum Uradel Schwedens, erstmalig erwähnt 1266. Sie besetzte viele Minister-und andere hohe Posten wie den eines Admirals. Noch heute hat sie großen Einfluss und Besitztümer in Östergötland.

Empfehlungsschreiben auszustellen, falls wir bereit wären, die Reise anzutreten, um Lappland zu erkunden. Durfte man einem König widersprechen, zumal einem so mächtigen wie dem schwedischen? Hätte man ohne seine Zustimmung und Erlaubnis etwas unternehmen können, wie es gerade in den Sinn kommt? Könnte eine derartige Unternehmung schief gehen, zu der der König selbst uns animiert und Erfolg gewünscht hatte? Folglich verabschiedeten wir uns vom Finanzminister Sten Bjelken, nach dem wir alles geregelt hatten. Dieser gab uns dann entsprechend den Anweisungen seines Herrn und Königs sämtliche Papiere und Empfehlungen für die Landesherren, durch deren Territorien wir zu reisen beabsichtigten. So starteten wir am Mittwoch, den 23.Juli 1681 in der Mittagszeit, um Richtung Tornio zu segeln.

Dank des Südwestwindes segelten wir bis *Vaxholm* [4], wo das Schiff vom Zoll untersucht wurde. Auf der Fahrt wunderten wir uns über die einzigartige Lage Stockholms. Für ein so großes Reich wie Schweden einen derartigen Ort als

---

[4] Noch heute führen alle Schiffsrouten von oder zu dem mehr im Binnenland liegenden Stockholm zwischen der größeren und kleineren Insel Vaxholm vorbei. Die größere von ihnen hat heute rund 4000 Einwohner.

Hauptstadt ausgesucht zu haben, ist kaum zu glauben. Es wird erzählt, dass auf der Suche nach einem geeigneten Ort für eine Stadtgründung, man einen Stab ins Meer warf, um genau an seinem Eintrittspunkt die Stadt zu bauen. Der Stab fiel genau dorthin, wo heute die Stadt liegt. Aber die Stadt selbst ist trotz ihrer Lage mit ihren stattlichen Gebäuden und ihren sympathischen Bürgern keineswegs unangenehm.

Wir sahen die Aland Inseln, die nur vierzig Meilen von Stockholm entfernt sind. Die Insel ist sehr fruchtbar und bietet den Elchen Schutz, die im Winter von Litauen und Karelien aus bis dorthin über das Eis ziehen. Dieses Tier ist etwa so groß wie ein Pferd und sein Fell glänzt weißlich. Dessen Geweih entspricht etwa dem eines Damhirsches, die Beine lang, aber weitaus schneller und kräftiger. Dies bevorteilt das Tier beim Kampf mit Wölfen. Das Fell dieser Tiere ist Eigentum des Königs. Die Bauern müssen unter Androhung der Todesstrafe die Felle dem Landesherrn liefern.

Nachdem wir an den Aland Inseln vorbeigesegelt waren, war kein Land mehr in Sicht. Erst am Freitagmorgen sahen wir auf der Höhe von *Härnösand* wieder Land. *Härnösand* ist von Stockholm einhundert schwedische Meilen entfernt, was etwa dreihundert französischen Meilen entspricht. Da der Wind immer noch kräftig blies, kamen bald *Ulvö*, und die Inseln *Skagen* und *Kobben* in Sicht. Am Samstagmorgen an *Angerman* vorbeisegelnd stellten wir fest, dass wir auf der Höhe von *Uumaja* (schwed. Umea) waren. Dies ist die erste zu Lappland gehörende Stadt. Ihren Namen hat sie von dem durch den Ort fließenden Fluss. Die Stadt hat dem gesamten umliegenden Gebiet ihren Namen gegeben. Somit ist sie ein Teil Lapplands. *Uumaja* liegt 38 Grad östlicher Länge und 65 Grad und 11 Minuten nördlicher Breite und ist von Stockholm einhundertfünfzig Meilen entfernt, was in etwa vierhundertfünfzig französischen Meilen entspricht.

Am Samstag sahen wir die Inseln von *Merenkurku (schwed.Kvarken)*. Und weil der Wind weiterhin aus Südwesten blies, sahen wir um Mittag die kleine *Ratani* Insel. Gegen vier Uhr des gleichen Tages waren wir auf der Höhe der Insel *Bjuröklubb*.

Nach dieser Insel war von festem Land immer noch nicht die Rede. Da die ganze Nacht über ein kräftiger Südwind blies, waren wir am Sonntagmorgen schon auf der Höhe von *Maluri*, einer kleinen Insel, die nur acht Meilen von Tornio entfernt ist. Von der Insel her kamen uns Fischer in winzigen Booten entgegen, die ich in meinem ganzen Leben noch nie vorher gesehen hatte. Die Schiffsplanken waren auf russische Weise nur miteinander vertäut. Die Fischer brachten kleine Sprotten und wir gaben ihnen Zwieback und Schnaps. Zufrieden mit diesem Tausch zogen sie wieder ab.

Weil das Wetter für uns konstant vorteilhaft gewesen war, konnten wir in den Gewässern nur einer französischen Meile vor Tornio die Anker lassen.

Kaum zu glauben, dass man innerhalb von nur vier Tagen eine so weite Reise wie wir schaffen kann. Von Stockholm bis nach Tornio beträgt die Entfernung auf dem Meer zweihundert schwedische Meilen, was sechshundert französischen Meilen entspricht. Während der ganzen Reise blies ein angenehmer und kräftiger Süd-Südwestwind, so dass wir nach unserer Abreise von Stockholm am Mittwochmittag schon am Sonntag etwa zur gleichen Zeit unser Ziel erreichten. Dabei mussten wir noch nicht einmal während der ganzen Fahrt die Segel wechseln.

Tornio liegt am äußersten Bogen des Bottnischen Meerbusens, 42 Grad und 27 Minuten auf dem östlichen Längengrad und 67 Grad auf dem nördlichen Breitengrad. Es ist die nördlichste Stadt der Welt. Nördlich davon wohnen bis zum Nordkap nur wilde Lappen, die keinen festen Wohnsitz haben.

Diese nördliche Bevölkerung hält dort im Winter ihre Märkte ab, wenn das Eis so fest ist, dass man es mit Rentieren leicht überqueren kann. Dann sieht man dort alle möglichen Völker des Nordens: Russen, Moskauer, Finnen und sämtliche Lappen der drei Staatsgebiete, die dorthin über das Eis und durch den Schnee kommen. Mit einem Rentiergespann sich fortzubewegen, ist so bequem, dass man auf diese Weise in einem Tag von Finnland nach Lappland reisen kann, wenn man über das Eis kommt, obwohl die engste Stelle immerhin noch dreißig bis vierzig Meilen breit ist. Das Hauptgeschäft in Tornio ist Fisch, der von weither kommt. Im Tornio Fluss gibt es so reichlich Lachse und Hechte, dass man sämtliche Ostseeanrainer damit versorgen kann. Ein Teil der Fische wird für den Transport gesalzen, der andere in einer Sauna, die mit einem Bad zu vergleichen ist, geräuchert. Obwohl diese Stadt nur aus einer kleinen Gruppe von Holzhäusern besteht, kann sie jährlich zweitausend Kupfertaler an Steuern zahlen, was bei uns etwa dem Wert von eintausend Livre entspricht.

Wir übernachteten im Haus unseres Skippers, mit dessen Schiff wir von Stockholm aus gekommen waren. Seine Frau war nicht zuhause, da sie einen drei bis vier Meilen entfernten Markt besuchte, um Salz, Mehl, Rentier- und Eichhörnchen Felle gegen andere Ware einzutauschen. Sämtlicher Handel läuft nämlich in diesem Gebiet nur durch Tausch. Einen anderen Handel kennen Russen und Lappen kaum.

Am nächsten Tag, also am Montag, wollten wir den Gelehrten Johannes Tornaeus aufsuchen, der sich als Verfasser des *Manuale Lapponicum,* eine Gesamtsicht Lapplands zusammen mit Übersetzungen des Alten und Neuen Testamentes und einiger Psalmen in die Landessprache, einen Namen gemacht hatte. Er war der Bischof dieser Gemeinde, war jedoch drei Tage vor unserer Ankunft verstorben. So sahen wir ihn nun im Sarg im vollen, für diesen Zweck extra angefertigten Ornat liegen. Er war ein in Europa weitgereister Mann. In seiner Gemeinde herrschte große Trauer.

Seine Frau trafen wir schluchzend und tränengebadet in tiefer Trauer, einen solchen Mann verloren zu haben, an. Um ihr Bett stand eine Gruppe von Freundinnen, die mit wiederholenden Beileidsbezeugungen ihr Trost spendete.

Über diesen großen Schmerz und allgemeine Traurigkeit trösteten aber die großen, antiken, silbernen Pokale hinweg, gefüllt mit französischem und spanischem Wein, ja sogar mit Branntwein. Genauer hingeschaut, blieben diese keineswegs lange leer. Wir probierten von jedem Pokal. Ja, die Witwe befahl uns unter Schluchzen sogar, auch von einem jeden Gefäß einen Schluck zu nehmen. Sie ordnete an, uns auch Tabak anzubieten, woran wir aber kein großes Interesse zeigten.

Darauf führte man uns zur Kirche, wo der Verstorbene als geistliches Oberhaupt gedient hatte. Aber Besonderes fiel uns dort nicht auf. Als wir uns später von der Witwe verabschiedeten, mussten wir - auf ihren ausdrücklichen Wunsch - noch einmal auf das Wohl der Seele des Verstorbenen anstoßen, einen sogenannten Opfertrunk heben, was man auch als *libare manibus,* wie seinerzeit die Römer es nannten, bezeichnen kann.

Danach begaben wir uns in das Haus unseres Begleiters. Dessen Mutter nahm uns sehr herzlich auf.

Diese Menschen, die noch nie in ihrem Leben Franzosen gesehen hatten, wussten nicht, wie sie vor lauter Freude uns begegnen sollten, wie sie ihr Hochgefühl darüber zum Ausdruck bringen könnten, dass sie ausgerechnet uns in ihrem Lande begegnet waren.

Am Dienstag wurden uns jede Menge Pelze und Decken, mit weißem Hasenfell gefüttert, zum Kauf für einen Ecu pro Stück angeboten. Auch sahen wir zum ersten Male die typische Kleidung der Lappen mit allem, was dazu gehört wie Stiefel, Fäustlinge, Schuhe, Gürtel und Kopfbekleidung, das meiste vom Fell junger Rentiere angefertigt.

Am gleichen Tag gingen wir in der näheren Umgebung auf Jagd. Wir beobachteten sehr viele Wasserläufer und andere in unserem Land unbekannte Tiere. Worüber wir uns jedoch wunderten war, dass die Einheimischen, wenn wir ihnen auf unserer Jagdtour begegneten, vor uns wie vor einem gefährlichen Wild Reißaus nahmen.

Am Mittwoch besuchten wir den Bürgermeister und den Vogt der Krone, die beide uns die Aufenthaltserlaubnis mit der Berechtigung erteilten, allerorts zu weilen. Nach dem Mittagsmahl kamen sie, um uns abzuholen. Sie brachten uns mit dem Boot zum Stadtprobst, dem Schwager des verstorbenen Tornaeus.

Dort sahen wir zum ersten Mal einen Rentierschlitten der Lappen, dessen Konstruktion wir bewunderten. Dieser als *pulka* bezeichnete Schlitten hat die Form eines einen kleinen Bootes. Die vorderen Kufen sind vorne leicht nach oben gebogen und können so leichter den Schnee durchpflügen. Der Vorderteil ist aus einem Stück angefertigt und der Rumpf aus mehreren Planken gefügt, die ohne einen einzigen Nagel mit kräftigen Rentiersehnen zusammen gehalten werden. Diese Planken sind mit einem vorderen, stützenden Holzteil verbunden und ziehen bis zum Boden als Außenbretter, als ob sie das Hauptholz des Schlittens sind. Dieser Rentierschlitten ist gerade wegen seiner einzelnen Hölzer sehr kippelig. Da die Kufen nur gut vier Finger breit sind, kippt das Gefährt leicht von einer zu anderen Seite. Der Reisende setzt sich wie in einen Sarg hinein, und zwar so, dass nur sein Oberkörper zu sehen ist. Zum Schluss wird man so festgeschnürt, dass kaum noch Bewegung möglich ist. Nur die Hände sind frei, damit man mit der einen Hand das Rentier führen und mit der anderen sich festhalten kann. Wer diese Art eines Transportes nicht kennt, kommt sehr häufig in Lebensgefahr, besonders dann, wenn es mit irrsinniger Geschwindigkeit steile Hügel abwärts geht. Wer es nicht selbst erfahren hat, kann sich das kaum vorstellen.

Am gleichen Abend aßen wir in Gesellschaft des Bürgermeisters zu Abend. Die Menschen der Region kamen in Mengen vorbei, nur um uns beim Essensmahl zu beobachten. Wir beschlossen am folgenden Tag aufzubrechen und besorgten uns noch einen Übersetzer.

Kapitel Nr. 3

Am letzten Donnerstag des Julis brachen wir mit einem kleinen typisch finnischen Boot auf, das genau passend für diese Region konstruiert war. Die Länge des Bootes betrug etwa zwölf und die Breite drei Fuß. Ein derartiges so gut gebautes und ebenso leichtes Boot ist schwer vorstellbar. Zwei bis drei Männer konnten es leicht schultern, wenn es darum ging, einen Wasserfall zu umlaufen. Die Wasserfälle dieses Flusses sind nämlich so kräftig, dass sie ganze Steine mitreißen können. Brausende Wasserfälle und starke Winde zwangen uns, zu Fuß vorwärts fast bis Tagesende zu marschieren. Die Winde spülten derartig viel Wasser in unser Boot, dass es ohne ständiges Wasserschöpfen sehr bald bis an die Bordkante vollgelaufen wäre. Auf der gesamten Flussstrecke hielten wir ständig Ausschau nach Wildbret. Wir schossen ein wenig Wild und wunderten uns sehr über die hohe Anzahl an Enten, Wildgänsen, Brachvögel und andere Vogelarten, denen wir bei jedem Schritt begegneten. Wir kamen aber an dem Tag nicht so weit wie geplant. Ein starker Regen zwang uns, in einem Bauernhaus, nur eine halbe Meile von Tornio entfernt, zu übernachten.

Den ganzen Freitag dann wanderten wir ohne Ruhepausen vorwärts. Wir schafften von vier Uhr in der Morgenfrühe bis zum späten Abend drei Meilen. Soweit man überhaupt von einer Nacht reden konnte, da die Sonne irgendwie immer zu sehen war. Auch gab es nirgends regelrechte Grenzen, weder am Vortage noch am nächsten Tag.

Über die Hälfte unserer Expedition ging es zu Fuß, wobei wir auch mit dem ungebändigten, laut donnernden Fluss klar kommen mussten. Einen Teil des Weges mussten wir die Boote schleppen, obwohl wir gleichzeitig zwei kleine Boote sahen, die in mitten der Wasserfälle sich ihren Weg mit solcher Geschwindigkeit flußabwärts suchten, die kaum der schnellste und leichteste Vogel erreicht. Der Blick schaffte es nicht, den Booten zu folgen, die immer wieder aus dem Sichtfeld verschwanden, mal in den Wellen abtauchend, dann urplötzlich wieder auftauchend. Der Steuermann stand fest in dem vorbei rasenden Boot, die gewaltigen Dämme und Bänke immer im Blick, um es durch die Felsenanhäufungen durchzusteuern, durch die mal nur so eben ein Boot hindurchpasste. Sollten diese kleinen Boote auf einen Felsen aufschlagen, würden sie sofort in Stücke zerschlagen.

Während wir uns nun die ganze Zeit auf dem Pfad hielten, konnten wir an demselben Tag im Wald zwei, einem Fasan ähnliche, junge Vögel, drei Wildenten und zwei Krickenten schießen. Besonders aber plagten uns die Mücken, die Geißeln dieser Region, bis zur Verzweiflung. Die Lappen haben gegen diese verfluchten Insekten nichts anderes als den Raum, wo sie sich befinden, kräftig einzuräuchern. Auf unserer Reise mussten wir nebenbei beobachten, dass die Lappen auch zum Schutz ihrer Vieherden vor diesen Quälgeistern ein großes Feuer um die Weideplätze herum anzündeten. Die Tiere hielten sich in der Mitte der Weide auf und entkamen so diesen Insekten, die keinen Rauch abkönnen.

Wir machten es genauso mit einem Rauchschutz, nachdem wir bei einem Deutschen angekommen waren. Dieser wohnte dort schon dreißig Jahre lang und zog für den schwedischen König von den Lappen die fälligen Steuern ein. Er berichtete uns, dass die Lappen die Steuern zu einem schon im Vorjahr abgestimmten Ort brächten. Allgemein geschehe dies aber im Winter, da der Lappe dann mit seiner Rentierherden leichter übers Eis käme. Sie würden aber sehr niedrige Steuern zahlen. Das Ziel dieser Politik des schwedischen Königs sei es, die regelmäßig Steuern zahlenden Lappen, die keinen festen Wohnsitz hätten und deren Wohngebiet das gesamte, riesige Lappland sei, unter schwedischer Hoheit bei der Stange zu halten, da sie im anderen Falle sonst in das Hoheitsgebiet eines anderen Herrschers ziehen könnten, um so der Steuer und sonstigen starken Belastungen zu entgehen. Aber es gäbe auch unter ihnen welche, die an verschiedene Staaten gleichzeitig Steuern abführen müssten: Sowohl an die Könige von Schweden und Dänemark als auch an den russischen Großfürsten. An den Ersteren zahlten sie, weil sie auf seinem Gebiet wohnten, an den Zweiten deshalb, dass sie in den Gewässern Norwegens fischen dürften, denn die norwegische Küste gehört zu Dänemark, und drittens, dass es ihnen erlaubt sei, im östlichen, zum russischen Großherzog gehörenden Gebiet zu jagen.

Am Samstag ereignete sich während unserer Reise quasi nichts bis wir zu einem Bauern kamen, dessen sämtliches Gesinde zu unserer Überraschung gemeinsam im Badehaus war. Diese Badehäuser sind Holzhäuser, wie alle dort. In der Mitte eines solchen hölzernen Badehauses befindet sich ein riesiger Steinhaufen, dessen Steine kreuz und quer ohne Ordnung übereinander geschichtet sind. Nur in der Mitte hat man eine größere Öffnung gelassen, wo ein kräftiges Feuer entzündet wird. Die erhitzten Steine heizen den ganzen Raum auf. Noch heißer aber wird es, wenn man über die heißen Steine Wasser gießt. Dann verbreitet sich ein erstickend heißer Dampf, wobei man aber durchaus atmen kann. Auch das Feuer erstickt nicht. Als wir jedoch die sogenannte Sauna betraten, waren wir doch sehr verblüfft, als wir dort Mädchen und Jungen, Mütter mit Kleinkindern, Brüder und Schwestern zusammen auf den Brettern sitzend sahen. Die Frauen genierten sich auch vor uns, ihnen völlig unbekannten Männern, überhaupt nicht. Noch mehr aber wunderten wir uns, als wir sahen, wie die jungen Mädchen die nackten Männer und Knaben mit Birkenreisern schlugen. Zunächst dachte ich, dass wenn der Körper durch das extrem starke Schwitzen völlig kraftlos geworden ist, muss man ihn schlagen, um festzustellen, ob noch Leben in ihm steckt. Doch mein Irrtum wurde sehr bald korrigiert und man erklärte mir den Grund dieser Prozedur. Durch dieses Schlagen werden die Poren geöffnet und der Schweiß kann sich so gründlich entleeren. Völlig unverständlich war es mir aber auch, dass diese Menschen, gerade aus der feuerheißen Sauna kommend, sich in den nur wenige Meter entfernten Strom zum Abkühlen stürzten. Ich sagte mir selbst, dass diese Menschen wohl ein ziemlich starkes Temperament besitzen müssten, wenn sie diese Belastung aushielten, aus der heißen Sauna kommend direkt ins kalte Wasser zu gehen.

Keineswegs aber hätte ich geglaubt, dass diese wilden, am Ende der Welt lebenden Menschen die alten römischen Badesitten und deren Genuss imitiert hatten. Noch überraschender aber ist, dass die gleichen Menschen mit ihren „fürstlichen" Badehäusern kein Brot zu essen haben. Sie ernähren sich von einem Schluck Milch und von weichen Schalen der Tannen. Die Schale wird entfernt, wenn der Harz zu tropfen beginnt. Die Schale wird für eine kurze Zeit in der Sonne getrocknet, dann in große Körbe gepackt, um sie dann in die Erde einzugraben. Darüber wird dann ein großes Feuer entfacht, was dem Ganzen eine schöne Farbe und einen guten Geschmack gibt. Diese Menschen essen so etwas das ganze Jahr über, halten einen Saunagang für das Allerbeste und kommen auch ohne Brot zurecht. *(1)*

Am Sonntag dann hatten wir bestes Jagdglück und einen üppigen Fang. Ansonsten aber sahen wir nichts, was man beschreiben sollte, außer lange Tannenholzbretter, mit denen die Lappen sich mit irrer Geschwindigkeit fortbewegten, wenn der Schnee dick und fest genug war, um mit noch größerer Geschwindigkeit ein Tier einzufangen.

Diese Bretter sind ziemlich dick, etwa zwei Ellen lang und einen halben Fuß breit. An der Spitze vorne sind sie scharf nach oben gebogen und in der Mitte, wo das Brett am stärksten ist, befindet sich eine Bohrung, durch die ein Lederriemen gezogen wird, mit dem der Fuß fest und unbeweglich auf das Brett fixiert ist. Auf diesen Brettern steht der Lappe senkrecht, in einer Hand einen langen Stock haltend, an dessen anderem Ende sich eine hölzerne Scheibe befindet, damit der Stock nicht im Schnee versinkt. Am unteren Ende ist dann eine eiserne Spitze. Mit Hilfe dieses Stockes bringt er sich in Schwung, hält das Gleichgewicht bei schneller Fortbewegung und zieht oder bremst auch seine Spur, gerade wie es ihm beliebt. Auf der Jagd ersticht er auch damit das Tier, wenn es ihm gelingt, in dessen Nähe zu kommen.

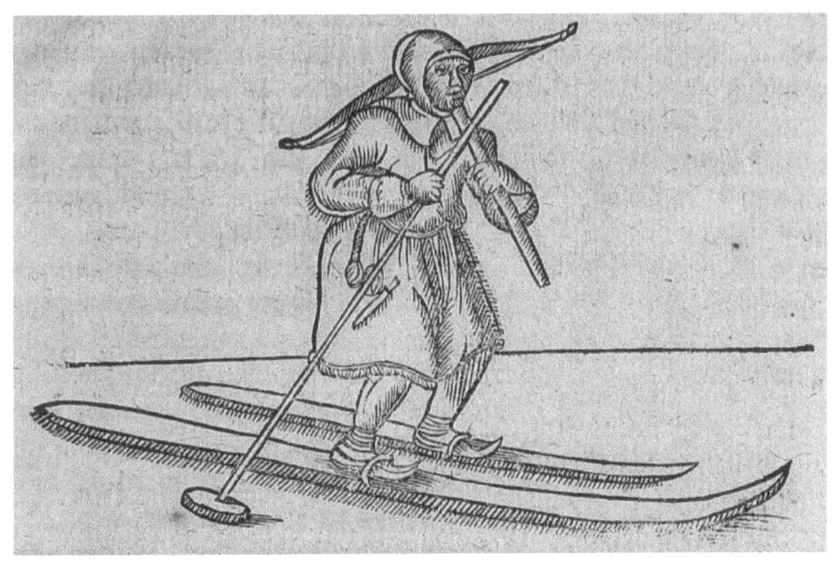

Man kann sich kaum die Geschwindigkeit dieser Menschen vorstellen, wie es mit diesem derartigem Gestell überhaupt möglich ist, auch den schnellsten Tieren nachzujagen. Aber noch unbegreiflicher ist, wie sie auch auf den Brettern stehend die steilsten Abhänge heruntersausen und umgekehrt sie auch wieder erklimmen. In dieser Kunst überbieten sie einfach alles. Den Menschen dieser Region ist das alles so vertraut und natürlich,   dass auch die Frauen genauso wie die Männer diese Bretter nutzen. Um beispielsweise ihre Eltern zu besuchen, überwinden sie auf diese Weise durchaus lange und beschwerliche Strecken[5].

Am Montag passierte nicht viel. Nur sahen und erlegten wir auch sehr viel Wild. In unserem Lager waren schon zwanzig Vögel, wo denen wir allerdings fünf oder sechs, frisch erlegt, einem Bauern abgekauft hatten. Die Einheimischen hier kennen hier keine anderen Jagdwaffen als nur einen Speer oder Pfeil und Bogen. Mit Speeren erlegen sie Großwild, Bären, Wölfe und andere Wildtiere. Bei der Jagd auf kleinere Tiere nutzen sie Pfeil und Bogen, die sich von unseren nur durch die Größe unterscheiden. Die Einwohner dieser Region sind im Gebrauch ihrer Jagdwaffen derart geschickt, dass sie ihre Beute, soweit sie auch nur diese erkennen können, mit Sicherheit treffen. Nicht dem kleinsten Vogel gelingt es, ihnen zu entkommen. Ja, es gibt unter ihnen welche, die die Spitze einer Nadel treffen könnten. Benutzt werden unterschiedliche Pfeile, welche mit einer Spitze aus Eisen oder kräftigen Fischgräte, welche mit einer runden Spitze wie bei einer halbierten Kugel. Mit Ersterer jagen sie Großwild, mit Letzterer schießen sie mit dem Bogen auf Tiere, bei denen ein kleinerer Schuss ausreichend

---

[5] Regnard kann die Skier in Funktion nicht gesehen haben, da er ja in den Sommermonaten in Lappland war.

ist. Mit den Pfeilen mit rundem Kopf schießen sie auf Eichhörnchen, Marder und Hermeline, um deren Fell möglichst unverletzt zu lassen, denn zweifellos entsteht an der Pfeileintrittsstelle ein Loch. Die allerbesten Jäger schießen meistens auf den Kopf, da das dann unverletzte Fell am wertvollsten ist.

Kapitel Nr. 4

Am Dienstag erreichten wir *Konges*. Dort blieben wir, um uns auszuruhen und die dortigen Eisen- und Kupferschmieden zu erkunden. Es war schon höchst interessant zu sehen, wie man die Metalle schmolz und wie man das Kupfer bearbeitete, bevor man daraus Münzen prägt, die dann mit der Stempelprägung des Herrschers zum gängigen Zahlungsmittel werden. Aber über alles erstaunt waren wir doch, als ein Schmied zum Schmelzofen schritt und dort mit der Hand zum Kupfer griff, das im Feuergebläse wie Wasser geschmolzen war und kurz im Griff hielt.

Eine unwirtlichere, finstere Gegend kann man sich kaum vorstellen. Vom Berg stürzende Wasserfälle, Felsen, ringsherum ausgebreitet riesige Wäl-

der, die schwarz gefärbten, höchst verwegen aussehende Schmiede. All dies lehrte einem an diesem
Ort das Fürchten. Und doch hat diese gottverlassene Region auch etwas Anziehendes und kann
ebenso manches Auge durchaus mehr erfreuen als
viel erhabenere Landstriche. Nach längerem Verweilen schmiedete ich auf einem Felsen sitzend ein
paar Verse (frei übersetzt):

Ihr dunklen und stillen Wälder, ihr Schatten spendende, breite Wipfel, ihr tanzende, dunkle Zweige bezaubert meinen Geist, so still und friedlich ist es, hier wird mein Herz immer ruhiger.

Ihr hohen, grünen Eichen, die Ihr die Urzeiten gesehen habt, Eure Schultern bewegt kein Sturm, auch nicht die orkanartigen Mächte des Nordens. Ruhig beugen sich weiterhin eure Zweige gen Wolken und Himmel.

Der krachende Lärm der Wasserfälle schlägt auf die Felsenränder. Verharre Du, oh Wanderer, hab keine Furcht und höre, wie die stürzenden Wellen aufschlagen.

Zum Schluss bleiben nur noch die Wogen, bis das Wasser sich glättet. Im Schilf der Ufer Vögel zu Hauf. Enten und Sterntaucher schwimmen, die Ruhe genießend.

Kein einziger Angler in Sicht. Man erkennt das Refugium der Fische. Sie lassen die Gründe dunkel sein und springen spielend, schäumend vor Freude bis in die Luft.

Die in den Felsenschluchten lebenden Vögel, die Eulen und Uhu, die jagenden Wildtiere lauern so still wie es geht. Im Schutze des Steinbruchs finden sie ihren Unterschlupf.

Am Donnerstag verließen wir diese Schmelze und setzten unsere Reise zu einem Ort fort, der etwa achtzehn schwedische oder etwa fünfzig französische Meilen entfernt war. Die ganze Zeit folgten wir dem nur einzigen Pfad, den es gab, immer am Fluss entlang Richtung Norden. Wir erfuhren, dass der Fluss hier anders bezeichnet wird und die Anwohner ihn *Wilnama Suanda* nennen. Ihm die ganze Nacht über folgend kamen wir am Morgen, also dem Freitag, wenigstens an einem Holzhaus an, dessen Bewohner aber sämtlich ausgeflogen waren. Die ganze fünf-sechsköpfige Familie war irgendwo draußen, teils im Wald oder teils mit dem Fang von Hechten beschäftigt.

Sie trocknen diese Hechte, die ihnen dann den ganzen Winter über als Nahrung dienen. Gefischt wird aber nicht mit Netzen, sondern sie zünden am Vordersteven des Bootes ein Feuer, um auf diese Art im Schein der Flammen die Fische anzulocken und dann mit einem langen Dreizack Speer mit eisernen Spitzen, wie wir ihn auch kennen, zuzustoßen. Auf diese Art fangen sie unglaublich viele und große Fische. So gibt die Mutter Natur denen, die von der fruchtbaren Seite der Erde abgeschnitten leben, als Gegengeschenk einen reichlichen Fang.

Je weiter man in dieser Gegend kommt, desto mehr fällt einem eine größere Armut auf. Irgendwie Getreide zu nutzen, ist hier völlig unbekannt. Als eine Art Brot verzehren sie ein breiiges Gemisch aus zerriebenen Fischgräten mit Holzrinde. Trotz dieser schrecklichen Nahrung machen diese armen Menschen jedoch durchaus einen gesunden Eindruck. Da sie auch keine Ärzte kennen, ist es auch kein Wunder, dass sie auch keine Krankheiten kennen und dass sie sehr lange leben, normalerweise bis an die hundert Jahre (2). Einige sollen sogar das einhundertfünfzigste Lebensjahr erreichen.

Am Samstag kamen wir nur eine kurze Strecke voran, weil wir fast den ganzen Tag in einer kleinen Holzhütte weilten, der allerletzten dieser Gegend. Jeder genoss den Tag auf unterschiedliche Art und Weise. Kaum angekommen begann jeder von uns irgendwie sich zu beschäftigen. Einer fällte einen Baum in der Nähe unserer Hütte und zog ihn unter großen Mühen zu unserem Nachtquartier, ein Anderer versuchte, mit einem Flintstein ein Feuer zu entfachen und blies sich fast die Lunge aus dem Hals, um das Holz auch anzuzünden. Einige begannen, eine Mahlzeit von einem gerade geschlachteten Lamm zu bereiten. Die weiter voraus Denkenden ließen den Anderen die Arbeit, um sich noch um wichtigere Dinge zu kümmern: In Sorge um für den nächsten Tag gingen sie zum nächst gelegenen See, der vor lauter Fischen geradezu schäumte. Andere wiederum schauten dem Treiben nur zu. Direkt nach dem Essen beschloss man, dass man unbedingt auch noch auf Jagd gehen müsse.

Als wir mit allem fertig waren, nahmen wir zwei Einheimische mit, stiegen in zwei Boote und folgten auf dem Fluss unserm Glück. Das sollte die amüsanteste und eigenartigste Jagd werden, die man sich nur vorstellen kann. Ich habe in meinem ganzen Leben noch nie gehört, dass man in Frankreich mit Schlagstöckern auf Jagd geht. Aber Wild gibt es dort so reichlich, dass man es einfach mit einer Rute oder einem Prügel erschlägt. Vögel bekamen wir dann am häufigsten, wenn sie fliehen wollten. Wir bewunderten die Männer, mit welchem Geschick sie diese jagten. Wenn sie einen Vogel aufspürten, verfolgten sie ihn. Wenn der Vogel abtauchen wollte, warfen sie in dessen Richtung einen Stock und trafen dabei den Kopf des Vogels mit unvorstellbarer Jagdkunst. Wir, die uns ein derartiges Jagdmanöver völlig unbekannt ist, konnten kaum auf den Boden sehen und schlugen unsere Stöcke einfach dorthin, wohin auch unsere Begleiter hinschlugen. Aber trotz der Schlagstöcke als einzige Jagdwaffe erlegten wir in nur zwei Stunden zwanzig Vögel, vielleicht auch mehr.

Zufrieden kehrten wir zurück zu unserer kleinen
Übernachtungsstätte. Hatten wir doch noch nie
eine derartige Jagd miterlebt oder auch nur gesehen. Und schließlich hatten wir für die nächste Zeit
auch ausreichend Nahrung.

Gutes wie Schlechtes kommt selten allein. Zwei
Einheimische, die von unserer Ankunft gehört hatten – was sich schnell in der ganzen Gegend verbreitet hatte – kamen neugierig, um uns zu sehen
und wollten auch Geld dafür, dass sie uns ein ganzes Lamm mitgebracht hatten. Wir gaben ihnen
fünf oder sechs Sou. Unser Nahrungslager war nun
derartig gefüllt, dass wir sicher für mindestens drei
Tage Wanderung, auf der wir auf kein bewohntes
Gebiet träfen, Nahrung haben sollten. Also brachen
wir am Sonntagmorgen um zehn Uhr auf. Da wir
uns wirklich auch ausruhen wollten, hatten wir uns
nicht früher auf den Weg gemacht.

Obwohl wir so weit im Norden waren, sahen wir
zu unserer Verwunderung sehr viele Schwalben.
Als wir uns bei unseren dort heimischen Führern
danach erkundigten, was die Schwalben denn im
Winter machen und ob sie in südlichere Gefilde fliegen, versicherten sie uns, dass sie auf der Suche
nach einem geeigneten Platz zum Überwintern um-
herfliegen und sich dann in die weiche Erde eines

Seeufers eingraben. Dort warten sie, bis die Sonne sich wieder zeigt und nach der Erstarrung wieder Leben in die Schwalben kehrt. Die gleiche Geschichte hatte ich schon von unserem Konsul in Kopenhagen und dann noch einmal von einer anderen Person in Stockholm gehört. Aber für mich ist es völlig unglaubwürdig, dass diese Vögel sechs Monate lang ohne Nahrung, eingegraben in der Erde, überhaupt überleben können. Diese Geschichte ist dennoch ein Faktum. Schließlich habe ich von so vielen anderen Menschen eine Bestätigung bekommen, dass Zweifel unmöglich ist.

Diesen Tag verbrachten wir in *Coctuanda* oder *Kuoksu*, dort wo Lappland beginnt. Am folgenden Tage kamen wir vier Meilen voran und schlugen am Fluss unser Lager auf. Wir mussten sub dio, also unter freiem Himmel nächtigen. Damit wir wenigstens einigermaßen Schutz vor den lästigen Mücken hatten, zündeten wir ein riesiges Feuer an. Dazu bauten wir aus großen, trockenen Bäumen einen kreisförmigen Schutzring, den wir dann, nachdem wir uns in dessen Inneres begeben hatten, mit kleineren, trockenen Reisern anzündeten. So schufen wir ein so riesiges, großes Lagerfeuer, wie ich es ich es in meinem Leben noch nicht erlebt hatte. Mit der Menge an Holz, die wir verbrannten, hätte man ein aus Paris kommendes, großes Schiff randvoll beladen können. Ja, es war kurz davor, dass der ganze Wald an zu brennen anfing. Wir verbrachten die ganze Nacht inmitten unserer Lagerfeuer. Am Dienstagmorgen ging es dann weiter in Richtung der nicht weiter als eine Meile entfernt liegenden Kupfererzbergwerke. Wir zogen westlich längst eines kleinen Flusses entlang, der *Luongasiochi* oder *Luongasjoki* genannt wird, an dessen Ufern sich die allerschönste Landschaft auftat, die ich je gesehen habe. Wegen des Niedrigwassers mussten wir wiederholt unsere Boote tragen, bevor wir an einem Ort mit dem Namen *Svappavaara* ankamen, wo die Kupfererzgruben liegen. Dieser Ort war etwa eine halbe Meile entfernt und auch zu Fuß gut zu erreichen.

Kapitel Nr. 5

Am Ziel angekommen, hörten wir zu unserer größten Begeisterung, dass in der Gemeinde ein Franzose lebte. Was heißt, nirgends auf der Welt gibt es einen Flecken Erde, wohin Franzosen nicht einen Weg finden

Der Mann hatte in dem Bergwerk schon fast dreißig Jahre lang gearbeitet. Sein Aussehen glich eher einem Wilden als einem Menschen. Obwohl er seine Muttersprache fast vergessen hatte, war er uns dennoch eine große Hilfe. Er versicherte uns, dass in der ganzen Zeit, die er hier lebte, er nicht ein einziges Mal Franzosen begegnet sei, bis auf einem Italiener, der vor vierzehn Jahren kurz vorbeigekommen sei, von dem man aber danach nichts mehr gehört hätte[6].   Es gelang uns auf feinfühlige Weise, die Muttersprache bei unserem Landsmann zurückzurufen. So hörten wir von ihm viele Dinge, die wir sonst von niemand Anderem als einem Franzosen hätten überprüfen können.

Die Minen von *Svappavaara* liegen dreißig Meilen von Tornio und fünfzehn Meilen von *Konge*s (finn. Kengis) entfernt. (Eine schwedische Meile entspricht etwa drei französischen Meilen). Die Kupferader fand vor 27 Jahren ein Lappe. Zur Belohnung des Fundes gab man ihm eine kleine, jährliche Rente in Höhe von vier Ecu sowie Befreiung von sämtlichen Steuern.

Die Zeche war früher wohl in besserem Zustand. Damals sollen dort einmal einhundert Bergleute

---

[6] Es handelte sich um den Priester Francesco Negri aus Ravenna, der im Sommer 1663 als Tourist in Svappavaara weilte und in seinem Bericht "Viaggio settentrionale" darüber berichtete, dass er einen Franzosen im Bergwerk angetroffen hätte.

gearbeitet haben, jetzt sah man maximal nur zehn. Das hier gewonnene Kupfer ist jedoch das Beste in ganz Schweden. Doch die Gegend ist so verlassen und so öde, dass nur wenige Kumpel es hier länger aushalten. Um die Zeche herum halten sich im Winter nur Lappen auf. Im Sommer müssen sie die Gegend wegen der Hitze und Stechmücken verlassen, deren schwedische Bezeichnung *alcaneras* lautet, die aber tausend Mal schlimmer sind als die Plagetiere in Ägypten. Die Lappen ziehen sich deshalb auf die Berge am äußersten westlichen Atlantik zurück, wo sie nicht nur leichter fischen können, sondern auch bessere Weiden für ihre Rentiere finden. Die Rentiere fressen nur niedrig wachsendes, helles, sprödes Moos, das im Sommer auf den Fellices-Bergen wächst, weit im Norden Norwegens an der Grenze Lapplands.

Am folgenden Tag, dem Mittwoch, brachen wir auf, um eine Zeche zu besichtigen, die von unserer Holzhütte nur eine Viertelmeile entfernt lag. Wir wunderten uns nur über die Arbeiten, die dort gemacht wurden, die Gruben bis tief in die Erde hinein. Nur im Schoße des Hades findet man das, was Menschen in ihrem Wunsch nach Luxus und Unnützem befriedigt. Viele Öffnungen waren mit Eisstücken gefüllt. Einige Eingänge waren völlig vom Grubengrund bis zur Oberfläche mit Eis bedeckt.

Das Eis war so stark, dass weder ein Loch, ja nicht einmal ein Kratzer entstand, als wir nur zum Vergnügen ein paar Steine darauf warfen. Man konnte beobachten, wie die Steine mit schrillem Klirren auf dem Eis entlang glitschten, ohne auch nur einen Kratzer zu hinterlassen. Dabei herrschte eine Hitze wie an den schlimmsten Hundstagen. Was man dort als Sommer bezeichnet, ist in Frankreich ein strenger Winter.

Die Felsen sind nicht völlig mit Metall durchsetzt. Die Kupferadern müssen mühselig gesucht werden. Und wenn man schließlich eine Ader gefunden hat, ist es mindestens genauso mühselig, ihr zu folgen wie allein das Auffinden. Entweder erhitzt man den Felsen, damit dieser zerbricht oder man sprengt ihn mithilfe einer Lunte. Letzteres ist zwar sehr viel aufwendiger, aber umso wirksamer. Wir sammelten dort alle möglichen, farbigen Steine, gelbe, blaue, grüne und blaurote. Am besten sahen die blauroten Steine aus, die angeblich am meisten Metall enthalten.

Wir erprobten auch verschiedene magnetische Steine, die wir auf dem Berg gefunden hatten. Aber sie reagierten so gut wie überhaupt nicht, da man sowohl auf als auch unter ihnen Feuer entfacht hatte. Also beschlossen wir, die Steine nicht mit uns herumzuschleppen, sondern auf dem Rückweg welche von der Eisenzeche mitzunehmen.

Nachdem wir sämtliche Gerätschaften und Wasserpumpen untersucht hatten, konnten wir nun in aller Ruhe das schneebedeckte Gebirge erkunden. In den Bergen leben die Lappen im Winter. Das Land ist ihr Besitz, seit Gustav II. Adolf, der Vater der späteren Königin Christina, Lappland aufgeteilt hatte. Das Land und Gebirge ist Eigentum der Lappen und niemand anders darf sich dort niederlassen. Auf bestimmten Steinen oder anderen bekannten Punkten im Gebirge haben die Bewohner mit besonderen Zeichen ihr Eigentums- und Wohnrecht mit bestimmten Merkmalen gekennzeichnet. Diese Berge tragen Namen wie *Lupawara, Kerquerol, Kilavaara, Lund* oder *Dondere,* Donnerberg. Ebenso heißen die dort wohnenden Familien der Lappen, die man in dieser Gegend nur unter den Zusatznamen der Berge kennt.

Diese Berge sind manchmal zwischen sieben und acht Meilen voneinander entfernt. Die Lappen halten sich immer auf den gleichen Bergen auf, wechseln aber bei Bedarf die Region, wenn beispielsweise ihre Rentiere sämtliche Moosflechten abgeäst haben. Einige von ihnen leben den ganzen Winter über am selben Ort. Andere wiederum wechseln ständig ihren Aufenthaltsort, so dass sie sehr schwer zu finden sind. Sie sind abwechselnd mal in den Wäldern, mal in der Nähe von Seen, abhängig davon, ob sie jagen oder fischen müssen. Man kann sie nur antreffen, wenn sie im Winter auf die Märkte kommen, um Felle gegen andere Gebrauchs-und Bedarfssachen einzutauschen und ihre Steuern zugunsten des schwedischen Königs zu entrichten. Sie könnten sehr einfach ihre Zahlungspflicht umgehen, indem sie nicht auf die Märkte kämen. Aber da sie Eisen, Klingen, Seile, Finn- Messer und mehr benötigen, müssen sie die Märkte besuchen, wo sie auch alles Notwendige bekommen. Sie zahlen aber nur eine sehr geringe Steuer. Die Reichsten von ihnen, die bis zu tausend, ja sogar eintausendzweihundert Rentiere besitzen —und die gibt es auch– zahlen maximal zwei bis drei Ecu.

Nachdem wir über alles so reichliche Informationen erhalten hatten, gingen wir zurück Richtung Unterkunft und sahen am Wege Schmieden, wo das Kupfer erstmalig geschmolzen wurde. Alles Grobe wurde möglichst getrennt. Den Malm erhitze man zuerst in einem Tiegel, bis die gröbsten Unreinheiten getrennt waren. Bevor man aber an das im unteren Teil des Tiegels befindende Kupfer herankam, entnahm man aus dem Tiegel mehrere Schichten, die auch von ihnen *rosete* genannt wurden, die nur halb so viel Kupfer enthielten. Diese wiederum kommen dann in den Schmelzofen, wo die Unsauberkeiten nochmals getrennt werden. Die Bearbeitung hier ist also die Allerfeinste. Aber in Konges schmilzt man insgesamt drei Mal, bis das Kupfer wirklich rein ist und man es in die gewünschte Form biegen kann.

Am Donnerstag kam dann ein Pfarrer der Lappen mit vier weiteren Lappen. Sie mussten nämlich am nächsten Tag anwesend sein, da es der in ganz Schweden begangene Tag des Gebetes ist. Der Dank gilt Gott für all das, was man in dieser Zeit bekommen hat.

Das waren die ersten richtigen Lappen, deren Aussehen uns unbeschreiblich amüsierte. Sie waren gekommen, um Fisch gegen Tabak zu tauschen. Wir betrachteten sie vom Fuß bis zum Scheitel und mussten feststellen, dass diese Menschen im Vergleich eine völlig andere Körperfigur haben. Selbst die Größten von ihnen waren drei Ellen kleiner. Nie bin ich ulkigeren Wesen begegnet. Sie hatten einen relativ großen Kopf, ein breites und flaches Gesicht, eine platt gedrückte Nase, kleine Augen, einen breiten Mund und einen bis zum Bauch reichenden Bart, im Verhältnis zum Körper kurze Beine mit dünnen Waden und lange Unterarme. (3) Diese kleine, lebende Maschine schien aber sehr beweglich zu sein. Deren Winterkleidung besteht aus einem bis zum Knie reichenden Rentierfell. Die Hüften ziert ein mit kleinen Silberteilen geschmückter Lederriemen. Auch die Schuhe, Stiefel und Fausthandschuhe sind aus Rentierleder. Mehrere Historiker haben von den im hohen Norden lebenden Menschen berichtet, dass sie wie Tiere fellbedeckt seien und keine andere Kleidung trügen als ihnen die Natur bietet.

Ein Lappe hat stets am Bauch einen Beutel aus Rentierleder hängen, in dem sein Löffel steckt. Im Sommer ziehen sie leichtere Kleidung an. Dabei handelt es sich meist aus einer aus dünnem Vogelleder gefertigten Kleidung, die so gleichzeitig vor Mücken schützt. Regelrechte Unterwäsche ist ihnen unbekannt. Stattdessen tragen sie ein Hemd, das aus sehr rauem Stoff gefertigt ist.

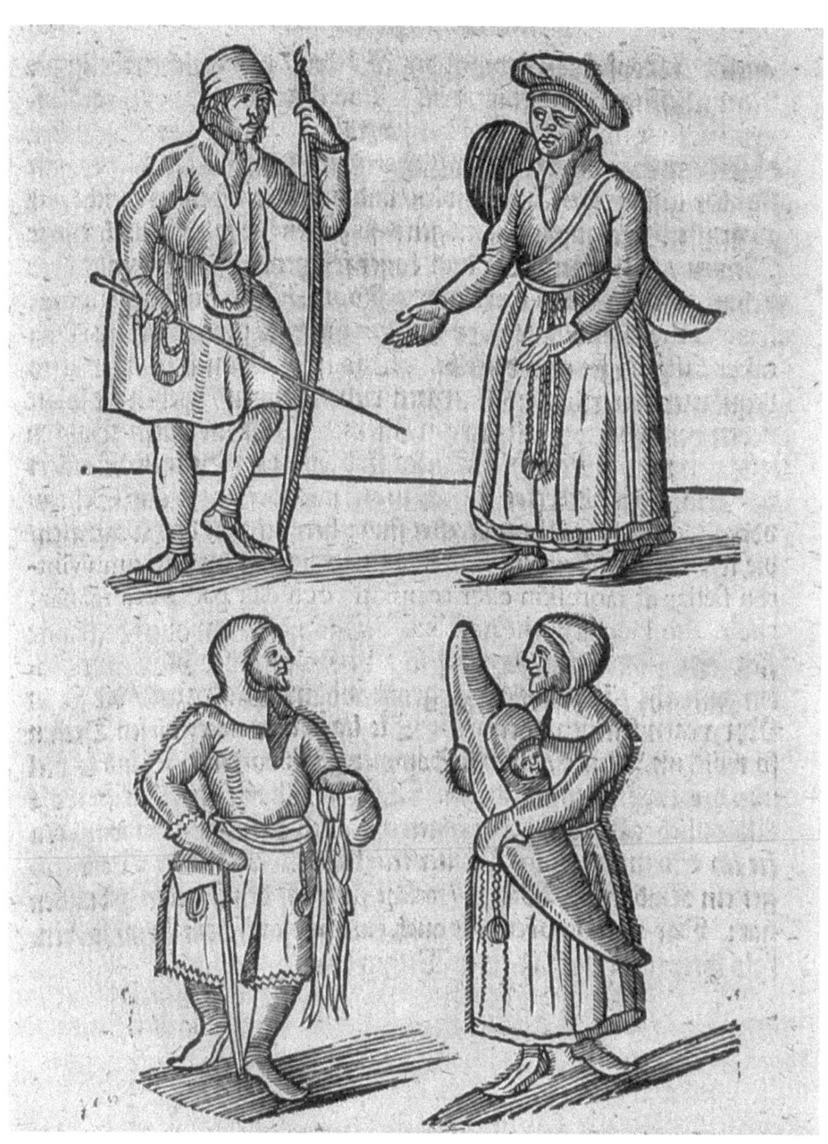

Auf dem Kopf haben sie eine Kopfbedeckung, die normalerweise aus dem Leder eines entengroßen Vogels *Loom gefertigt ist,* auch Prachtvogel oder auf Finnisch *kuikka* genannt, was so viel wie hinken heißt, da der Wasservogel nicht gehen kann. Sie drehen das Leder so, dass der Vogelkopf oberhalb der Stirn sitzt und dessen Flügel die Ohren bedecken.

Ich habe nun dieses kleine Wesen beschrieben, was man als Lappe bezeichnet. Ich kann nur sagen, dass dieses nordische Wesen mehr einem Menschen als einem Nachkommen eines Affen gleicht.

Wir erkundigten uns bei ihnen nach vielen Einzelheiten. Besonders interessierte es uns, wo wir ihre Sippen finden könnten. Sie berichteten uns alles und erzählten, dass die Lappen gerade dabei waren, vom Gebirge auf Seiten der Eismeeres, wohin sie die Hitze und die Mücken vertrieben hätten, sich im Gebiet des Tornio Flusses zu verteilen, dort wo die Quellen des Flusses seien. Man beabsichtige, dort zu fischen. Nach einiger Zeit kämen sie nach *Pärttylinpäivä,* was nicht weit entfernt von *Svappavaara, Kilavaara* und anderen Bergen sei, wo es inzwischen kühler werde. Dort würden sie überwintern. Die Männer versicherten uns, wir würden dort einige sehr reiche Lappen antreffen. In der einen

Woche, die wir benötigen würden, um zum Tornio
See zu kommen, seien dann dort auch die Lappen
angekommen. Sie berichteten von sich, dass sie
selbst den ganzen Sommer über in der Nähe der Ze-
chen und Seen sich aufhielten, da sie ausreichend
Nahrung für ihre Rentiere gefunden hätten. Sie besäßen etwa zwanzig Tiere. Außerdem seien sie viel
zu arm, um für mehrere Wochen über Land zu ziehen, da sie dafür keine ausreichende Nahrung hätten. Sie kämen sonst fern von den Seen, die sie hier
täglich auch ernährten, wirtschaftlich nicht zurecht.

Kapitel Nr. 6

Am Freitag, den fünfzehnten August, war es sehr
kalt. Auf den Bergen rundherum hatte es schon ge-
schneit. Nach der Predigt des Pfarrers, der beide
Sprachen, die finnische und die der Lappen beherrschte, unterhielten wir uns mit ihm noch eine
lange Zeit. Glücklicherweise sprach er sehr gut Latein. So fragten wir ihn nach allem Möglichen seines
Berufes aus wie Taufe, Eheschluss und Bestattungen. Er berichtete, dass sämtliche Lappen christlich
und getauft seien, einige von ihnen aber auch nur
der Form halber. Sie hätten sich so viel Glauben an
uralte Zauberkünsten bewahrt, dass man mit Fug

und Recht sagen kann, sie sind offiziell Christen, aber im Herzen immer noch Heiden.

Die Lappen bringen ihre Neugeborenen sehr bald nach der Geburt zum Pfarrer, um sie taufen zu lassen. Im Winter bringen sie das Kind im Schlitten. Im Sommer aber transportieren sie das Kind gut und fest in einem aus frischen Birkenzweigen gefertigten und mit Moosflechte gefüllten Korb, der sicher und fest auf den Rücken eines Rentieres gebunden ist. Normalerweise schenken sie dem Pfarrer ein Paar Fausthandschuhe in den schönsten Farben mit blauroten, schillernden Federn eines Prachttaucher Vogels. Sobald das Mädchen getauft ist, schenkt der Vater ihm ein weibliches Rentier – sie nennen es *pannikcis* — und alles war dieses Ren gibt, sei es Milch, Käse oder sonst etwas, gehört dem Mädchen. Das ist ihr Eigentum, wenn sie später heiratet. Einige schenken auch ein Rentier, wenn die allerersten Zähne sich zeigen. Sämtliche Kälber dieses Rens werden besonders gekennzeichnet, um sie von den anderen zu unterscheiden.

Von der Ehe berichtete der Pfarrer, dass die Lappen erst sehr spät ihre Töchter verheiraten. An Werbern mangele es überhaupt nicht, da in der Region allgemein bekannt ist, dass die Mädchen viele Rentiere und deren Nachkommen besäßen, die sie von ihrem Vater zur Taufe und bei der Zahnung erhalten hätten. Das ist dann alles, was die Tochter als Mitgift mitbringt. Keineswegs ist die Rede davon, dass der Schwiegersohn etwas vom Schwiegervater erhält. Im Gegenteil, er muss das Mädchen quasi kaufen. Wie in der Vogelwelt beginnt im April die Brautwerbung.

Wenn ein junger Mann ein Auge auf ein Mädchen geworfen hat und sie zur Frau haben möchte, muss er, wenn er sich zu dem Brautvater und den Verwandten zum Werben aufmacht, unbedingt jede Menge Alkohol mitbringen. Hier in diesem Lande gibt es keine andere Art eines „Ehehandels": Ein solcher wird niemals geschlossen, ohne dass nicht unzählige Flaschen Branntwein getrunken und jede Menge Tabak geraucht ist. Umso verliebter der Mann ist, desto mehr Schnaps bringt er mit sich. Es gibt auch keine bessere Methode, seine grenzenlose Sehnsucht zu zeigen. Die Lappen haben für dieses Getränk, das der Werbende zur Verlobung mitbringt, eine besondere Bezeichnung. Sie nennen es Willkommenstrunk oder auch Brautwerbewein, *soubouvin*. Die Lappen haben die Gewohnheit, ihre Töchter sehr viel eher zu verloben, bevor sie dann endgültig zum Verlobten zieht, damit dieser möglichst noch viele Geschenke bringt. Falls dieser ans Ziel seiner Wünsche kommen will, muss er ohne Unterbrechung seine Liebe mit dem beliebten Branntwein ertränken. Erst, wenn er ein bis zwei Jahre lang alles aufmerksam richtig gemacht hat, kommt es zum endgültigen Eheschluss.

In alten Vorzeiten, als die Lappen noch tief in heidnischer Dunkelheit lebten, hatten sie eine ganz besondere Art, einen Ehebund zu schließen. Und Einige machen es auch heute noch so. Das Verlobungspaar wurde nicht einem Pfarrer vorgestellt, sondern nur deren Eltern bekräftigten diesen Ehebund zuhause ohne irgendwelche anderen Zeremonien, als mit einem Feuerstein ein Feuer zu entfachen. Ihrer Meinung nach kann man keinen heimlicheren und passenderen Vergleich finden. So wie die Feuerquelle im Stein steckt, die erst sichtbar wird, wenn das Eisen erglüht, genauso sind beide Geschlechter in einem Lebensbund, was dann durch ihr gemeinsames Handeln erkennbar wird.

Sie merken sicher, verehrter Leser, dass dieses durchaus sinnvolle Verhalten der Lappen gar nicht so schlecht ist. Manch Weiserer könnte kaum eine bessere Lösung finden. Aber ich bin mir nicht sicher, ob sie folgendes Verhalten für besonders zielsicher betrachten:

Ich hatte schon erwähnt, dass wenn ein Mädchen viele Rentiere besitzt, es ihr an werbenden jungen

Lappen nicht mangelt. Ich habe aber nicht berichtet, dass es genau dieser Reichtum ist, den die Werbenden von dem Mädchen auch erwarten. Ihnen ist es völlig egal, ob es ein liebenswertes Mädchen ist, ob sie gemütsvoll ist oder nicht, ja sogar ob sie unberührt ist oder nicht, weil schon vorher ein anderer Mann um sie geworben hat. Aber es gibt da noch etwas Wundersames, worüber selbst ich sehr überrascht war. Diese Menschen missachten die Jungfräulichkeit derartig, dass sie ohne Hemmung auch mit anderen Mädchen ein Verhältnis haben. Diese armen Mädchen – und von denen gibt es nicht wenige – sind nach Meinung der männlichen Lappen besser als die reichen Töchter, die noch unbefleckt sind oder zumindest in dem Ruf stehen, es zu sein. Eine Einschränkung muss aber gemacht werden, dass die Männer, die die Mädchen verführt haben, keine Lappen sein dürfen. Sondern sie sind Männer anderer Stämme, die im Winter die Märkte besuchen. Die Lappen sind jedenfalls der Ansicht, dass wenn ein Mann mit größerem Besitz und besserem Geschmack das zu ihrer Sippe gehörende Mädchen umwirbt, dieses eine unbekannte, besondere Anziehungskraft haben muss, die es später erst zu finden gilt.

Sie sind an solchen „Wundermädchen" derartig interessiert, dass, wenn sie im Winter nach Tornio in die Stadt kommen und dort auf eine junge, noch ledige, schwangere Frau treffen, sie sämtliche sonstigen Vorteile in den Wind schlagen und unbedingt dieses Mädchen zur Ehefrau haben wollen, obwohl sie schlichtweg nichts besitzt. Und sollte die Auserkorene schon in den letzten Monaten schwanger sein und ein ausreichendes Einkommen haben, sind sie bereit, sie von ihren Eltern abzukaufen.

Ich selbst kenne viele Menschen, die von Herzen bereit sind, so ein armes Mädchen glücklich zu machen und mit wenig Aufwand so einen günstigen Ehebund zu schließen. Wenn dies in Frankreich Mode würde, müssten nicht so viele Mädchen für alle Ewigkeiten unverheiratet sein. Väter, deren Geldbeutel mit drei Knoten geschlossen ist, kämen nicht mehr in diese schwierige Lage. Und die Töchter hätten immer eine Möglichkeit, ihrem Gefängnis zu entrinnen. Doch bin ich der Meinung, dass sich dies nicht allzu schnell verbreiten wird, was auch immer so ein alter Brautwerber versuchen könnte. Bei uns hat der Ehrbegriff eine verrückte Wendung vollzogen, was sich nicht ohne weiteres verändern wird.

Da fast sämtliche Krankheiten den Lappen natürlicherweise unbekannt sind, glauben sie auch nicht so daran wie wir. Eifersucht oder betrogen zu werden, kümmert sie nicht. All die Krankheiten, die uns in vielfacher Form verhexen, sind ihnen unbekannt. Ich bin sogar der Ansicht, dass es in ihrer Sprache das Wort Hahnrei nicht gibt, Nach einem spanischen Wortspiel kann man die vergangenen Jahrhunderte und die, in denen wir heute leben, wie folgt beschreiben:

Passo li de oro	*Vorbei ist die goldene Zeit*
Passo lo de platta	*Vorbei die Silberzeit*
Passo lo de hierro	*Vorbei die Eisenzeit*
Vive lo de cuerno	*Wir leben in der Hörnerzeit*

Als die Lappen die Goldene Zeit zurückbekamen, haben wir aus unserer Zeit eine Periode der Gehörnten gemacht.

Man sieht, ihr Verhalten ist ganz anders. Sicher im Zeichen des Saturns: Ein gemeinsamer Besitz, über den man sich nur wundern kann. Sie haben gesehen, zu dem Wort „Heiraten" passt bei den Lappen auch das Wort „ Gehörnter". Und sie werden sehen, dass dieser Begriff auch noch später sehr gut zutrifft.

Wenn der Ehebund geschlossen ist, nimmt der Ehemann seine Frau nicht mit zu sich nachhause, sondern er lebt ein Jahr lang bei seinem Schwiegervater. Erst danach lässt er sich dort nieder, wo seiner Meinung nach der beste Ort ist. Gleichzeitig nimmt er all das mit, was seiner Frau gehört. Er nimmt auch all die Geschenke mit, die er beim Werben und in der Verlobungszeit seinem Schwiegervater gegeben hat. Die Schwiegereltern geben je nach ihrem Vermögen außer den erhaltenen Geschenken auch einige Rentiere mit.

Wie sie vielleicht bemerkt haben, haben Gäste in diesem Land besondere Vorrechte. Sie genießen nämlich die Ehre, mit den Mädchen zu schlafen. Ja sie haben noch ein weiteres Vorrecht: Die Lappen bieten dem Gast nicht nur das Bett, sondern auch ihre Ehefrau an. Wenn ein Fremder die Wohnstatt eines Lappen betritt, empfangen sie ihn so gut wie sie nur irgendwie können, sie bieten ein vollständiges Mal an und auch schon mal einen Schnapstrunk. Handelt es sich aber um einen ganz besonders hochstehenden Gast und will man diesem ganz besonders begegnen, so zitieren sie nach dem Essen ihre Ehefrau und ihre Tochter herbei und halten es selbst für eine ganz besondere Ehre, wenn der Gast bereit ist, statt des Gastgebers die „ehelichen Pflichten" zu vollziehen. Die Ehefrauen und Töchter sind zu dem Gast so freigebig, wie dieser es sich erträumt, damit der Gast ihnen selbst wie auch dem

Ehemann oder auch Vater eine so große Ehrerbietung zeugt.

Ein derartiges Verhalten erscheint mir persönlich doch etwas eigenartig und ich habe es auch selbst nicht ausprobiert. Doch ich wollte es genauer wissen und hörte eine Menge derartiger Geschichten. Eine davon will berichten, weil es so passiert ist, wie man mir versichert hat:

In *Svappavaara* trafen wir einen harmlosen Franzosen, von dem ich nicht annehmen konnte, er hätte sich die Geschichte selbst ausgedacht. Er berichtete, er habe auf Wunsch der Lappen sie wiederholt von ihren ehelichen Pflichten erleichtert. Um das Ganze noch zu bekräftigen, wie inständig die Lappen ihn hierzu immer wieder aufgefordert hatten, erzählte er, wie nach einem fröhlichen Zechgelage zusammen mit einem Lappen, dieser ihn gebeten habe, mit seiner Ehefrau, die selbst ebenso wie die gesamte Familie dabei anwesend war, zu schlafen. Der Franzose selbst hätte es abgelehnt und immer wieder versucht, diese peinliche Situation zu klären. Aber der Lappe hätte ihn nicht ernst genommen, sondern seine Frau und ihn geschnappt, beide auf die Lagerstatt geworfen, den Raum verlassen und abgeschlossen. Mit kräftiger Ermahnung hätte der Mann dann den Franzosen aufgefordert, in Vertretung das zu vollziehen, was der Lappe sonst getan hätte.

Ein sehr besonderer Fall passierte dem Bischof Johannes Tornaeus, von dem ich schon berichtet habe. Die Geschichte erzählte uns der gleiche Pfarrer, der sehr lange in Lappland als Assistent des Bischofs gearbeitet hatte und rund fünfzehn Jahre als dessen Gehilfe fungiert hatte. Er hatte von Tornaeus selbst diesen Vorfall gehört: Einer der reichsten und angesehensten Lappen von Tornio - so die Erzählung - wollte, dass der Gottesdiener dem Ehebett des Lappen die Ehre erweisen würde. Der Mann hielt dies für die beste Möglichkeit, seine Rentierherde zu vermehren und den Segen des Himmels für seine gesamte Familie zu erhalten. Der Lappe bat den Bischof immer wieder, doch einzuwilligen und ihm diese Ehre zu erweisen. Aber aus Gewissens- und anderen Gründen war dieser nicht bereit und erklärte ständig wiederholend, dass dies wahrlich nicht die richtige Methode sei, die Gnade Gottes zu empfangen. Doch der Lappe hörte überhaupt nicht den ablehnenden Begründungen zu. Als sie dann allein zu zweit waren, sank der Lappe vor dem Gottesmann auf die Knie und bettelte unter Anrufung und im Namen sämtlicher Heiligen, der Bischof möge seinen Antrag und seine Bitte befürworten. Mit seinem inständigen Bitten verband der Lappe die Zusage, dem Gottesmann auch sechs Ecù zu zahlen, wenn dieser sich herablassen würde, mit der Ehefrau des Lappen zu schlafen. Der fähige Mann überlegte eine Weile, ob es sein Gewissen erlauben würde, zumal er auch diesem „ zu bedauernden" Mann gegenüber nicht hochmütig sein wollte. Er kam zu dem Schluss, es sei besser, aus diesem einen gehörnten Ehemann zu machen und dafür auch noch Geld zu bekommen, als ihn ins Unglück zu stürzen.

Wenn uns nicht in diesem Falle der gleiche Pfarrer, der seinerzeit als Assistent des Bischofs gearbeitet hatte, diese Geschichte persönlich erzählt hätte, hätte ich sie einfach nicht glauben können.

Diese Großzügigkeit der Lappen bezüglich ihrer Frau gilt nicht nur den Geistlichen gegenüber, sondern auch, wie schon festgestellt, allen Fremden, was ich hiermit aufzeigen wollte. Ein Lappe kaufte ein Mädchen dem Verführer mit der Begründung ab, er hätte nicht anders seine Bewunderung bezwingen können, sie zu seiner Ehefrau zu machen. All das ist in dieser Gegend durchaus üblich. Man braucht nur eine kurze Zeit unter Lappen zu leben, um seine eigenen Erfahrungen zu machen.

Die Lappen waschen ihre Kinder im Kessel bis zu einem Alter von einem Jahr drei Mal am Tag, danach drei Mal pro Woche. Sie haben nur sehr wenige Kinder. In einer Familie gibt es kaum sechs Kinder. Ein Neugeborenes waschen sie im Schnee, bis es fast zu ersticken droht, um es dann gleich in ein warmes Bad zu stecken. Dahinter steckt wohl die Absicht, es gegen die Kälte widerstandskräftiger zu machen. Gleich nach der Geburt trinkt die Mutter einen großen Becher gefüllt mit Wal Fett, von dem sie sich große Hilfe erwartet. (4) Oberhalb der Wiege ist leicht die Geschlechtszugehörigkeit des Kindes zu erkennen. Handelt es sich um einen Jungen, so hängen über dem Kopf des Kindes Pfeil und Bogen oder ein Speer, damit die Kinder schon in der Wiege das lernen, womit sie später in ihrem ganzen Leben umzugehen haben, und sie von Anfang an lernen, möglichst geschickt damit umzugehen. Über der Wiege eines Mädchens sieht man die Flügel, Beine und den Schnabel eines Schneehuhns *rippa* (finn. *riekko*) als Zeichen der Gewandtheit und Reinheit hängen. Wenn eine Frau schwanger ist, wird die Trommel geschlagen, um das Geschlecht des Kindes zu erfahren. Mädchen wünschen sich die Lappen lieber, weil sie zur Frau gekauft werden müssen und die Eltern beim Werben um das Mädchen Geschenke erhalten. Wie Sie schon bemerkt haben, sind Krankheiten den Lappen so gut wie unbekannt. Falls sie aus irgendeinem Grund erkranken, ist es die Natur selbst, die ihnen sehr stark hilft, gesund zu werden. Auch ohne ärztliche Hilfe genesen sie sehr schnell. Aber sie benutzen auch selbst verschiedene Medizin wie Mooswurzeln, *jeest* genannt, ein *Angelica petrosa* Gewächs[7]. Als Pflaster nehmen sie Tannenharz. Und ihre „Wundersalbe“ ist Rentierkäse, den sie für vieles nutzen. Wolfsgalle mischen sie mit Schießpulver in Schnaps. Wenn irgendwelche Körperteile erfroren sind, legen sie Käsescheiben auf die Stelle und bekommen so Erleichterung. Sie benutzen Käse sowohl für innere als auch für äußere Leiden, aber auf eine andere Art. Sie schmelzen den Käse mit einem glühenden Eisen, so dass der Käse als ölige Masse zu tropfen beginnt, die sie dann auf die Schmerzstelle verreiben. Diese Therapie hat jedes Mal überraschend geholfen. Das stärkt die Brust und hilft gegen Husten und ist für alle möglichen Beschwerden gut. Gefährlichere Wunden jedoch werden mit Feuer behandelt. Auf die Wunde wird so lang wie möglich ein glühendes Holzscheit gehalten, damit so alle Unreinheiten abgebrannt werden. *(5)* Auch die Türken

---

[7] Angelika-Präparate, auch Engelwurz genannt, findet man auch heute noch auch in Deutschland in jeder Apotheke, beispielsweise als Wundsalbe für Kleinkinder.

kennen diese Methode. Ja, es ist die intensivste Heilungsart, die sie kennen.

Menschen, denen es in Frankreich oder anderswo gelingt, glücklich sehr alt zu werden, leiden aber unwiderruflich an unzähligen Krankheiten, die das Alter so mit sich bringt. Die Lappen jedoch sind davon befreit (6). Nur geringes Nachlassen der natürlichen Lebenskraft ist die einzige, altersbedingte Belastung, die auch sie befällt. Es ist oft sogar schwer, einen alten von einem jungen Menschen zu unterscheiden. In dieser Region sieht man nur sehr selten grauhaarige Köpfe. Die Haare der Lappen behalten ihre Farbe, im Allgemeinen braun. Aber es gibt die Besonderheit, dass man nur sehr selten alten Menschen begegnet, die nicht blind sind. Ihr schon von Natur aus schlechtes Sehvermögen verträgt nicht nur das strahlende Weiß des Schnees nicht – dabei ist das Land fast immer schneebedeckt -, sondern auch der Rauch des in der Kota ständig brennenden Feuers macht sie auf ihre alten Tage blind (7).

Wenn Lappen erkranken, ist es üblich, die Trommel zu schlagen, um zu erfahren, ob die Erkrankung zum Tode führt. Sind sie sich dann sicher, dass es traurig endet und bald die letzte Stunde des Erkrankten geschlagen hat, sammeln sie sich um die Lagerstatt des Betroffenen. Damit die Seele des

Sterbenden leichter in die andere Welt wandern kann, flößen sie dem Sterbenden so viel Branntwein wie möglich ein. Zur Linderung ihrer Trauer, die der Verlust des Freundes verursacht, und damit die Tränen auch fließen können, trinken sie auch selbst so viel, wie es an Alkoholischem nur reicht.

Sobald der Erkrankte gestorben ist, verlassen sie sofort die Wohnung oder zerstören diese in der Furcht, dass ein Teil der Seele des Verstorbenen noch anwesend ist. *Manes*, wie man es in der Antike nannte, könnten ihnen ja eventuell Schaden anrichten. Als Sarg dient ein ausgehöhlter Baumstamm oder ein Schlitten, auf den sie die wichtigsten und liebsten Gerätschaften des Toten, wie Pfeile und Bogen und Speer legen, damit er, falls er eines Tages zurückkommen sollte, seinen alten Aufgaben nachgehen kann. Es gibt eben Einige, deren christlicher Glaube nur oberflächlich ist, den sie dann mit ihren alten Zauberlehren durcheinander bringen. Da sie vom Pfarrer etwas vom Aufstieg in den Himmel gehört haben, packen sie in den Sarg eine Axt, einen Feuersplintstein und Lunte, ohne die ein Lappe niemals auf Reisen geht. So ausgestattet, kann der Verstorbene bei seinem Aufstieg gen Himmel Bäume fällen, Felsen ebnen und alle Hindernisse, die ihm auf den Weg in den Himmel begegnen sollten, verbrennen. Sie sehen, lieber Leser, unabhängig von diesem Irrglauben wollen die Menschen unbedingt dorthin, sei es im Guten oder im Schlechten. Man kann sagen: *his per ferrum et ignes ad coelos grassari constitutum,* sie haben beschlossen, mit Feuer und Eisen sich den Weg in den Himmel zu bahnen (8).

Den Leichnam bestatten sie nicht immer auf dem Friedhof, sondern oft auch in den Wäldern und in Höhlen. Der Ort wird dann wieder mit Alkohol besprengt, den alle Anwesenden auch trinken. Die Tage nach der Bestattung wird das Rentier geschlachtet, das den Leichnam zum Ort der Bestattung transportiert hat. Dann beginnt die Feier für alle Anwesenden. Die Rentierknochen werden keinesfalls weggeschmissen, sondern sehr sorgfältig neben dem Toten vergraben. Bei dem Leichenschmaus wird *salgavin,* als ein „Seelentröster" getrunken. Der Name kommt davon, dass man auf das Wohl desjenigen trinkt, den man für glückselig hält.

Die Erbaufteilung ist ähnlich wie in Schweden geregelt: Die Witwe bekommt die Hälfte. Und wenn der Verstorbenen einen Sohn und eine Tochter gehabt hat, bekommt der Sohn Zweidrittel und die Schwester den Rest[8].

---

[8] Bei Scheffer heißt es etwas anders. Der Bruder bekommt zwar nach schwedischem Landrecht zwei Drittel und die Schwester ein Drittel. Es kommt aber

Kapitel Nr. 7

Unsere Unterhaltung mit dem Pfarrer war im vollen Gange, als man zu uns kam, um zu berichten, dass man auf den Hängen des Gebirges Lappen gesichtet hätte, die mit Rentieren kämen. Wir gingen ihnen entgegen, um uns über ihre Fahrgespanne und ihre Reise zu erkundigen. Doch als wir sie trafen, handelte es sich nur um drei oder vier Lappen. Auf die Rücken der Rentiere hatten sie getrockneten Fisch geladen, den sie nach *Svappavaara* zum Verkauf transportieren wollten. Ich habe, werter Leser, schon von Rentieren gesprochen, ohne sie näher zu beschreiben, obwohl man uns davon schon früher viel erzählt hatte. Ich muss jetzt genauso Ihre Neugierigkeit befriedigen wie ich es seinerzeit bei mir gemacht habe.

---

nicht zur direkten Aufteilung. Scheffer S. 362: Die ligende Gründe/als da sind Länder/Sen/Berge/fischreiche Wasser werden nicht unter die Kinder getheilet/sondern es bewohnet so wol der Sohn als die Tochter/ deß Vattern und Muttern Gebiet.

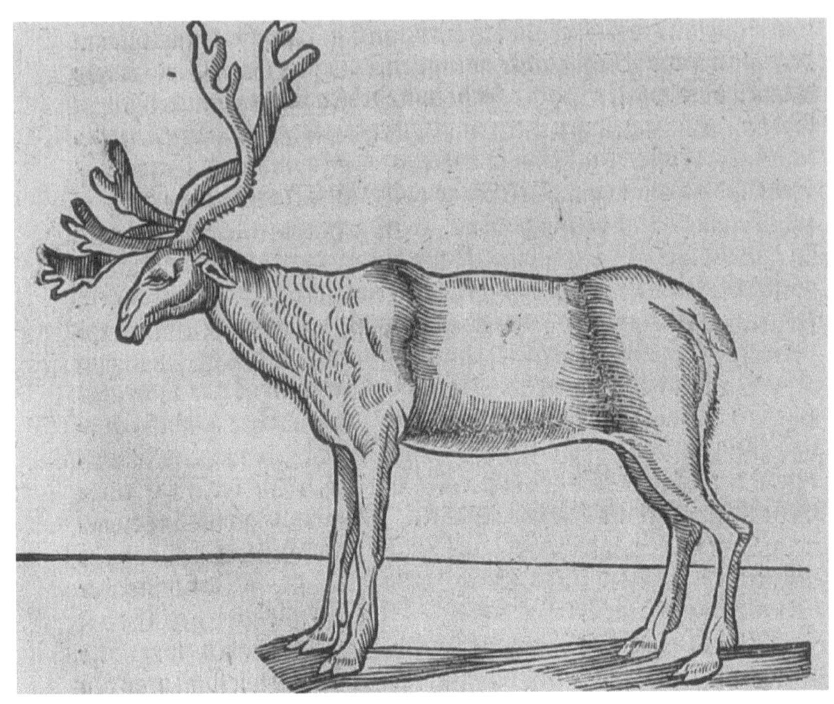

Die schwedische Bezeichnung für dieses Tier ist *rheen*, was eine Beziehung zu Reinheit und Schnelligkeit hat. *Rheen* bedeutet nämlich in der schwedischen Sprache rein und *renna* rennen oder schnell laufen. Die Römer haben dieses Tier überhaupt nicht gekannt. Die heutige lateinische Bezeichnung ist *rancifer*. Dies aber kann man nicht anders erklären, als dass die Schweden im Altertum vielleicht auch den Namen *raengi*, an das man das Wort *fera* angehängt hat. Ich jedenfalls glaube nicht, dass der Name einen Zusammenhang mit dem Geweih hat, die sich wie große Äste ausbreiten. Dann hätte man auch *ramifer* wie *rangifer* sagen können (9). Sei es wie es sei, auf jeden Fall ist es sicher, dass, obwohl dieses Tier sehr stark an ein Reh erinnert, es sich doch von diesem in vielen Einzelheiten unterscheidet. Das Rentier selbst ist größer, der Kopf aber ziemlich ähnlich. Jedoch ist aber das Geweih völlig verschieden. Die Hörner sind sehr viel höher und bilden nach innen gebogen eine Art Ring. Sie sind vom Kopf bis zu ihrer Spitze völlig mit Fell überzogen, und zwar in gleicher Farbe wie das Fell. Diese sind voll durchblutet. Wenn man das Gehörn sehr kräftig mit der Hand drückt, merkt man sofort, dass an diesem Körperteil ein Schmerz auslösbar ist. Es gibt noch eine Besonderheit, die man sonst bei keinem anderen Tier beobachtet. Es ist die enorme Größe des Geweihs, das die Natur dem Ren als Waffe gegen wilde Raubtiere gegeben hat. Rehe haben nur zwei mehrverzweigende Hörner. Aber Rentiere haben erstens nicht nur in der Mitte der Stirnpartie ein Horn, ähnlich wie auf den Abbildungen von Einhörnern, sie haben zweitens noch zwei weitere Hörner, die sich oberhalb der Augen in Richtung Maul wölben. Sämtliche dieser Verzweigungen gehen von der gleichen Wurzel aus, aber in verschiedene Richtungen, und bilden so unterschiedliche, gut auseinander zu erkennende Formen. Sie sind aber andererseits für das Ren bei der Kopfbewegung hinderlich. So kann das Ren schlecht äsen, sondern reißt lieber Knospen von den Bäumen ab, weil es so einfacher ist. Das Fell eines Rens ist farblich dunkler als das eines Rehbocks, besonders dann, wenn sie noch jung sind. Besonders die jungen Rentiere sind fast so dunkel wie Steinböcke, die immer kräftiger, größer und dunkler als zahme Rentiere sind.

Obwohl die Beine eines Rens keineswegs schlanker als beim Reh sind, sind sie aber dennoch umso schneller. Die Klauen sind tief gespalten und fast rund. Bei den Tieren ist das Besondere, dass insbesondere die Beingelenke ein knackendes Geräusch abgeben, so, als würde man Nüsse schütteln. Dieses Knacken der Gelenke ist so laut, dass man die Tiere schon von Ferne hört, bevor man sie gesichtet hat. Bemerkenswert ist, dass die Tiere, obwohl sie Paarhufer sind, keine Wiederkäuer sind (10). Auch haben sie bis auf einen kleinen dunklen Fleck so gut wie keine Gallenblase, die auch nicht bitter schmeckt

Obwohl es sich eigentlich um ein wildes Tier handelt, haben die Lappen gute Mittel und Wege gefunden, sie zu zähmen und den Menschen dienlich zu machen. So findet man in der ganzen Region niemanden, der nicht Rentierherden besitzt, so wie wir Schafherden besitzen. Außerdem gibt es in den Wäldern jede Menge wilde Rentiere, die die Lappen wegen ihres Fells bejagen, was sie für wertvoller als von einem zahmen Ren halten, aber auch wegen des Fleisches, was wesentlich besser schmeckt. Es gibt aber auch Tiere, die sowohl halb zahm als auch halb wild sind. Die Lappen lassen die weiblichen Tiere, wenn sie läufig sind, frei in die Wälder laufen. Die aus solchen Kreuzungen stammenden Rentiere nennen sie *kattaigiar*. Diese sind sehr viel größer und kräftiger und eignen sich besser als Zugtiere (11).

Der Lappe vermag nicht, weitere Haustiere als eben diese Ren zu halten. Aber schon ein Ren allein vereinigt so viele Vorteile wie all unsere Haustiere zusammen. Die Lappen vernichten schlichtweg nichts von dem Rentier. Sie nutzen das Fell, das Fleisch, die Knochen, das Mark, das Blut und die Sehnen. Alles können sie irgendwie immer verwenden.

Das Fell schützt die Lappen vor schlechtem Wetter. Im Winter benutzen sie es als Pelz. Im Sommer nutzen sie das Leder, von dem das Fell gegerbt ist. Rentierfleisch ist sehr saftig, fettig und ist besonders nahrhaft. Anderes Fleisch essen die Lappen auch nicht. Die Knochen werden auf viele Weisen verwendet: Sie fertige Bogen und Pfeilspitzen daraus, schnitzen Löffel und fertigen Schmuckstücke an. Besonders die Zunge und das Mark eines Rens gelten als besonders schmackhaft. Verliebte junge Männer bringen ihrer Angebeteten aber auch ausgewählte Fleischstücke vom Bären oder vom Biber. Lappen trinken auch öfter Blut. Normalerweise fangen sie das Blut in der Blase eines Rens auf und packen diese dann in Eis ein, damit die Flüssigkeit in der Kälte fest wird. Kochen sie dann eine Suppe oder einen Fisch, so schneiden sie ein Stück von der erkalteten Blutmasse ab.

Die Lappen haben auch keine anderen Seile als die, die sie aus den Sehnen mit ihren Zähnen gewunden haben. Dünnere Sehnen benutzen sie bei der Herstellung von Kleidung. Mit dickeren Sehnen binden sie die Bretter ihrer Boote zusammen. Aber die Tiere geben den Menschen nicht nur Kleidung und Lebensmittel, sondern auch zu trinken. Rentiermilch ist ihr einziges Getränk. Und da sie sehr fettig und dickflüssig ist, geben sie etwa hälftig Wasser hinzu. Gemolken geben die besten Rentiere jedoch gerade einen halben Becher ab. Und das auch nur, wenn sie ein Kalb geworfen haben. Aus der Milch macht man einen besonders nahrhaften

Käse. Arme Lappen, die es sich nicht leisten können, ein Ren zu schlachten, haben kaum andere Nahrung. Der Käse ist sehr fettig und hat einen strengen Geruch. Dennoch ist er aber ziemlich geschmacklos, da er ohne Salz gefertigt und auch so gegessen wird.

Den allergrößten Vorteil bieten die Rentiere vor allem auf Reisen und beim Transport von Waren. Wir hatten so häufig zu unserer Verwunderung gehört, wie die Lappen ihre Rentiere lenken, dass wir nun endlich unsere Neugierde auch befriedigen und ein vor einen Kufen - Schlitten gespanntes Rentier sehen wollten. Wir baten um so ein schon von mir beschriebenes Gefährt, das die Lappen mit dem Namen *puhala oder pulkka* bezeichnen und wir Kufen - Schlitten nennen. Wir sattelten das Zuggeschirr etwa im gleichen Abstand wie man es bei Pferden zu tun pflegt und machten es an einem Holz fest, das *jacolaps* bezeichnet wird, von dem schon früher die Rede war. Das Rentier hat als Kumme nur ein Lederstück, von dem quasi nur noch die Lederhaut übrig ist. Von dort zieht über den Brustkorb ein Riemen, der zwischen den Beinen unterdurch gezogen an einem Loch an der Spitze des Schlittens festgezurrt wird. Zur Lenkung des Gefährts hat der Lappe lediglich einen Strick, der fest mit dem Geweih verbunden ist. Er wirft dann den Strick mal nach rechts, mal nach links und lenkt mit kleinen Zügen am Strick das Rentier dorthin, wohin es laufen soll.

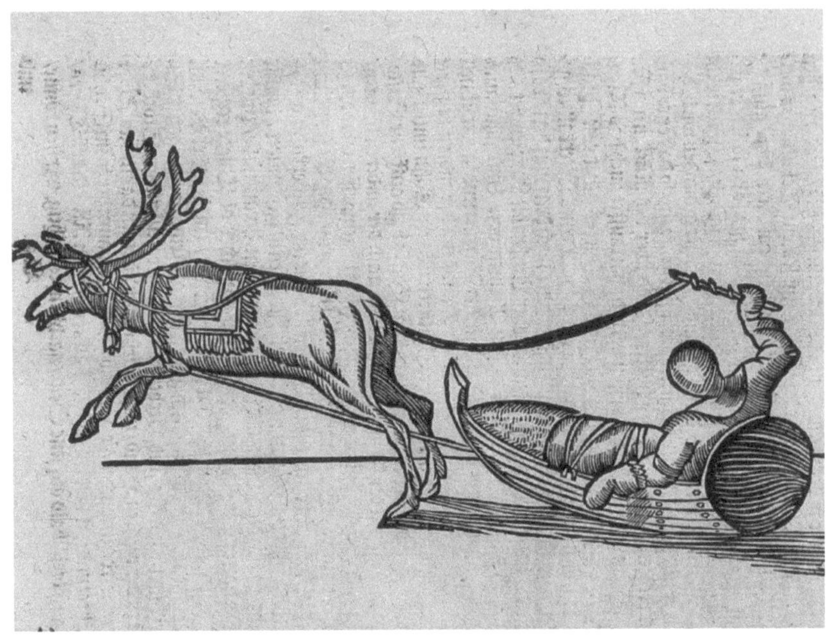

An diesem Tag fuhren wir zum ersten Mal in so einem *pulkka* oder Schlitten und genossen es in vollsten Zügen. Mit diesem Fortbewegungsmittel kann man in kürzester Zeit große Strecken bewältigen. Die Geschwindigkeit hängt aber auch von der Kraft des Rentieres ab. Wie ich schon erwähnt habe, kreuzen die Lappen aus diesem Grund einen wilden Rentierbock mit einen zahmen Ren. Diese sind im Vergleich sehr viel schneller und eignen sich besser zu Reise-Rentieren. Zieglerius[9] sagt, dass ein Ren drei Mal am Tag den Horizont überqueren kann. Das heißt umgekehrt, dass ein Rentier, drei Mal so weit wie man sehen kann, laufen kann. Auch wenn diese Distanz wirklich bemerkenswert und auch gut dargestellt ist, so gibt es dennoch keine Auskunft darüber aus, welche Geschwindigkeit ein Rentier tatsächlich erreichen kann. Die Lappen erklären es besser, in dem sie sagen, ein Rentier vermag zwanzig schwedische Meilen zurücklegen, also fünfzig französische Meilen, wenn man die schwedischen Meilen mit dem Faktor 2,5 multipliziert. Eine schwedische Meile sind 6600 Faden (10,896 m) und eine französische Meile sind 2600 Faden, obwohl man normalerweise rechnet, dass eine schwedische Meile etwa drei französischen Meilen entspricht[10]. Letztere Rechnung ist genauerer als die erstere. Aber da man den Tag so lang dehnen kann, wie es beliebt, - die Lappen teilen den Tag nicht in einen natürlichen 24-Stundenrhyth-

---

[9] Jakob Ziegler ,auch Jacobus Zieglerius genannt (1470-1549), deutscher Theologe und u.a. Geograph, gehört zu den häufig zitierten Quellen in Scheffers Lapponia.
[10] Meyers Konversations-Lexikon, 1896: 1 schwedische und finnische Meile=10,688m; 1 dänische Meile= 7,532 m; 1 französische Meile= 3,898m; 1 preußische Meile= 7,332m.

mus - ist es besser zu sagen, welche Strecke ein Rentier in einer Stunde laufen kann. Nach den obigen Berechnungen und meinen Erfahrungen kann man sagen, dass ein gutes Rentier, wie die Kemi-Rentiere, die man für die schnellsten und kräftigsten hält, in einer Stunde etwa sechs französische Meilen zu rennen vermag. Die Schneedecke sollte in diesem Falle gut und eben sein und vergleichsweise hart. Selbstverständlich hält ein Ren eine derartige Belastung nicht lange durch, sondern es muss ihm nach sieben bis acht Stunden die Möglichkeit gegeben werden, sich auszuruhen. Will man die Rentiere mehr schonen, lässt man sie nicht über so weite Strecken laufen, auch wenn ihre Kraft auch zu längeren ausreichen würde. Sie schaffen es zwar bis zu 12 bis 13 Stunden, doch danach müssen sie unbedingt für ein oder zwei Tage sich erholen, da sie sonst den Schlitten zertrümmern könnten.

Wie Sie sehen, verehrter Leser, dabei geht es also um ganz schön lange Entfernungen. Gäbe es also in Frankreich eine Art Transportinstitution mit Rentieren, könnte man sehr leicht in nur 26 Stunden von Paris aus bis nach Lyon kommen. Die Geschwindigkeit wäre ja nicht schlecht. Aber wenn man auch zunächst den Eindruck einer sehr angenehmen Reise hätte, so wäre sie dennoch äußerst anstrengend. Das Gefährt fliegt, rollt und schaukelt, oft geradezu über Stock und Stein. Und der Reisende ist während der gesamten Zeit durch Gegenstemmen damit beschäftigt, nicht umgekippt oder umgestürzt zu werden, oder sich wieder aufzurichten, wenn es schon geschehen ist. Also würde jeder Schlittengast sich ein wesentlich langsameres und gefahrloseres Tempo wünschen.

Auch wenn sich eigentlich die Rentiere gut führen und lenken lassen, so gibt es aber auch öfter unter ihnen immer wieder hitzköpfigere Tiere, die kaum durch Führung zu bändigen sind. Wenn man die dann noch irgendwie allzu sehr antreibt und mit ihnen längere Strecken zurücklegen will, als die Tiere es selbst wollen, drehen sie sich in die umgekehrte Richtung, stellen sich auf die Hinterbeine und wollen wie im Rausch den im Schlitten sitzenden Lenker angreifen. Dieser aber kann sich nicht verteidigen, geschweige denn vom Schlitten absteigen, da er dort fest angezurrt ist. So kann es passieren, dass das Rentier den Schädel des Schlittenführers mit seinen Vorderbeinen tödlich verletzen kann (12). Denn diese sind so kräftig, das ein Ren bei einem Angriff durch einen Wolf keine anderen Mittel zur Verteidigung benötigt. Die Lappen kennen bei derartigen Rentierangriffen keine andere Methode, als sich sehr, sehr schnell auf den Boden zu wälzen und den Schlitten als Schutzschild zu nehmen, bis sich die Angriffslust des Tieres langsam gelegt hat.

Die Lappen haben aber noch ein wesentlich größeres und auch anders gefertigtes Transportmittel, das sie *racdakeris* nennen. Dieses benutzen sie, um Holz zu holen oder andere größere Sachen zu ihrer Wohnstätte zu transportieren.

So aber ziehen die Lappen von Ort zu Ort im Winter, wenn das ganze Land mit Schnee bedeckt ist und der Frost darauf eine dünne, aber feste und harte Schicht gebildet hat. Im Sommer sieht das aber anders aus. Dann müssen sie zu Fuß laufen, denn die Rentiere sind nicht so kräftig, dass man auf ihnen reiten oder sie vor eine Karre spannen könnte. Wegen der Unebenheit des Geländes ist ein Wagen völlig unbekannt. Aber die Rentiere werden als Lastenträger genutzt. Mit einer dicken Birkenrute formen die Lappen einen bogenförmiges Tragegestell. Damit kann das Ren auf beiden Seiten verteilt höchstens aber vierzig Pfund[11] transportieren. Im Sommer bringen sie, selbst hinter dem Ren laufend, so ihr Kind zur Taufe.

---

[11] Ein Pfund, im finnischen Lappland „naula", oder 425 Gramm

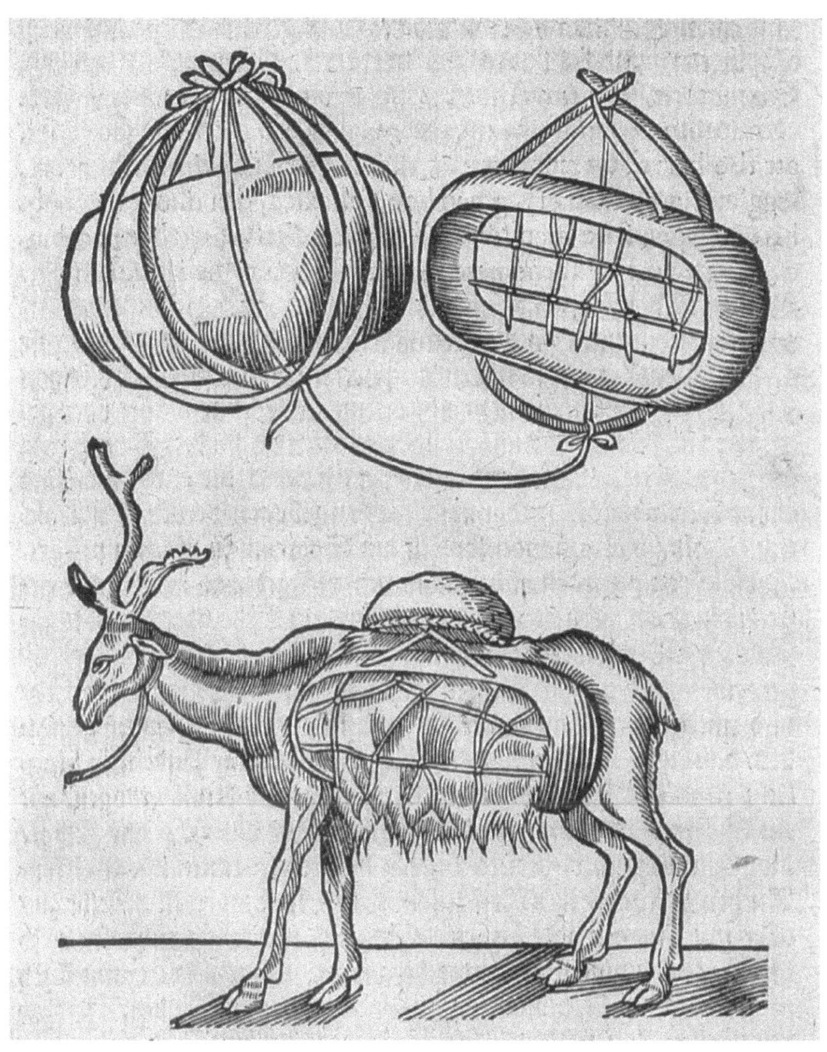

Die Hauptnahrung der Rentiere ist ein besonderes und sehr feines, niedrig wachsendes Moos, das massenhaft in ganz Lappland anzutreffen ist. Die Natur hat diesen Tieren einen derartigen Instinkt gegeben, dass sie auch bei völlig mit Schnee bedeckter Fläche wittern können, an welcher Stelle unter dem Schnee dieses Moos zu finden ist. Schon nach kurzem Scharren mit den Vorderbeinen entdecken sie mit unheimlicher Schnelligkeit die Stelle. Wenn jedoch der Frost die Schneedecke so hart wie Eis gemacht hat, fressen die Rentiere auch das von den Tannen hängende, an ein Spinnengewebe erinnerndes Moos, das in der Sprache der Lappen als *luat* bezeichnet wird.

Ich glaube, schon erwähnt zu haben, dass ein Rentier nur dann Milch hat, wenn es gekalbt hat. Ein Kalb säugt drei Monate lang. Sollte es vorher sterben, hört die Milchproduktion sofort auf. Dem Kalb bindet man um das Maul einen Tannenzweig. Wenn das Kalb dann säugen will und die Tannenadeln das Gesäuge des Rens reizen, stößt es mit seinem Geweih das Kalb ab.

Man behauptet, dass man den Tieren nur ins Ohr flüstern muss, in welche Richtung sie laufen sollen. Aber an dieser Behauptung ist nichts dran. Die Rentiere laufen eigentlich immer vom Lappen geführt, dem dann bis zu sechs Tiere folgen können.

Wenn jemand von ihnen sich in eine bekannte Region aufmacht und er ein Ren bekommt, was aus dieser Region stammt, benötigt es keinerlei Führung. Das Ren bringt ihn zum Ziel, obwohl es keinerlei Weghinweise oder ähnliche Zeichen gibt und die Reise sich über fünfzehn Meilen belaufen kann.

Kapitel Nr. 8

Am Samstag setzten wir dann die Reise zum fünfzehn Meilen entfernten Wohnsitz des Pfarrers fort. Wir beabsichtigten, weiter entlang der Täler bis zum Tornio See zu kommen, um dort die von uns gesuchten Lappen zu treffen. Doch kaum waren wir außerhalb von *Svappavaara*, fanden wir auch das, was wir zur Abendmahlzeit brauchten. Wir erlegten drei oder vier Vögel, deren Name hier *fjaelripa* oder Berghuhn (finn. *tunturilintu*) heißt, auf Griechisch auch *lagopos* oder Pelzbein lautet. Dieser Vogel ist etwa so groß wie ein Huhn und hat im Sommer ein ähnliches Gefieder wie ein Fasan, nur etwas brauner und an einigen Stellen heller gesprenkelt. Im Winter ist der Vogel völlig weiß. Der Hahn stößt beim Fliegen Rufe aus, die an ein schallendes Gelächter erinnern. Der Vogel ruht sich selten auf Bäumen aus. Ich kenne im Übrigen kein anderes Wildfleisch, das so ausgezeichnet schmeckt. Es ist mindestens ebenso gut wie ein Fasan und noch besser als ein Rebhuhn. Diesen Vogel sieht man in den Bergen dieser Region sehr häufig.

Etwa zwei Meilen von *Svappavaara* entfernt trafen wir auf die Boote, von denen schon am Vortage die Rede war und die uns bis zum Tornio See bringen sollten. Sie hatten die ganze Nacht über gefischt und brachten uns geradezu erstklassige Forellen, die man dort *aerlax* nennt. Von dort aus setzten wir auf dem Wasserwege unsere Reise fort und übernachteten auf einem kleineren Hügel mitten im Wald, was äußerst angenehm war. Es war aber sehr kalt und wegen der Raubtiere, insbesondere der Bären mussten wir ein so großes Lagerfeuer machen, dass der ganze Wald in Flammen stand. Als wir dann aufbrachen, vergaßen wir das Feuer zu löschen. Schließlich kam ein starker Sturm auf, der das Feuer erst richtig mit ungeheuerlicher Kraft entfachte. Als wir zwei Wochen später an dieser Stelle wieder vorbeikamen, mussten wir erkennen, welche Schneise das Feuer in den Wald geschlagen hatte und dass es immer noch hier und da züngelte. Dennoch hatte niemand Schaden genommen. Und ein Brandstifter wird in diesem Lande nicht bestraft.

Am Sonntag kamen wir wegen der Wasserfälle und einem starken Sturm, der unser Boot jeden Moment kentern ließ, nur eine halbe Meile voran. Zu Fuß unter freiem Himmel hörten wir, wie mehrere riesige Tannen mit einem derartigen Krachen zusammenstürzten, dass es im ganzen Wald nur so schallte. Der Sturm sollte über vierundzwanzig Stunden wüten, so dass wir uns gezwungen sahen, zu rasten und wie davor schon, die Nacht an einem großen Lagerfeuer zu verbringen. Aber nun waren wir vorsichtiger, um nicht überall auf unserer Fährte ein riesiges Feuer zu entzünden. Unsere Rudermänner meinten dann auch, dass vier Franzosen[12] ausgereicht hätten, in nur einer Woche das ganze Land niederzubrennen.

Am Folgetag, dem Montag, waren wir es leid, wegen des Nordwindes weiterhin am Ort auszuharren. Trotz des kräftigen Sturmes ruderten wir über den See, dessen Wellen so hoch schlugen wie bei stürmischem Seegang auf dem Meer. Für diese Strecke über nur eine Viertelmeile wurden wir über

---

[12] Zu Regnard und seinen beiden Kumpanen Fercourt und Corberon wird noch der französische Bergmann gezählt, den sie als Übersetzer mitgenommen hatten.

drei bis vier Stunden voll gefordert, bis wir schließlich den Kirchenort erreichten, wo der Pfarrer wohnte.

Dieser Ort heißt *Chucasdes*, auf Finnisch *Jukkajärvi*, wo die Lappen im Winter ihre Markttage abhalten. Dort kommen sie hin, um Rentier- und Hermelinfelle, Marder-und Eichhörnchen Leder gegen Brandwein, Tabak und *valmar (finn. sakar)*, einem sehr dicken und festen, lodenartigen Stoff, zu tauschen, aus dem sie ihre Kleidung anfertigen und mit dem sie ihre *kota*, Kate, abdecken. Auch die Händler aus Tornio und den umliegenden Gemeinden kommen zu den Markttagen, die am *Paavalinpäivä*[13] (25.1.), beginnen und bis zum zweiten Februar andauern. Auch der Steuerbeamte der Krone sowie ein Richter finden sich dort ein, um die fälligen Steuern einzutreiben, Letzterer um mögliche Streitigkeiten zu schlichten und schuldige Übeltäter zu bestrafen. Das kommt aber äußerst selten vor, da Lappen sich gegenseitig sehr vertrauen. Auch hat man nie von Dieben gehört, obwohl für diese es an den Markttagen ein leichtes Spiel wäre. Die Lappen lassen nämlich ihre Wohnstätte samt allem, was sich dort befindet, völlig offen, wenn sie im Som-

---

[13] Namenstag des Apostel Paulus am 25.1.

mer nach Norden ziehen, um dort rund vier Monate lang zu bleiben. Alle nicht notwendigen Gebrauchsgegenstände verwahren sie mitten im Wald auf einem Baum, dessen Spitze sie abgeschlagen haben. Nur äußerst selten hört man, dass angeblich etwas gestohlen worden sei.

Der Pastor bleibt während der ganzen Markttage vor Ort, was der Leser sicherlich gut verstehen wird. Denn dann nimmt seinen Zehntel, abhängig vom Vermögen des Gebenden, an den Rentierfellen, verschiedenen Käseteilen, Fausthandschuhen, Stiefeln und was immer so anfällt, entgegen.

Die mehr christlicheren Lappen möchten nicht nur ihrem Pfarrer ein Geschenk machen, sondern bringen auch der Kirche eine Opfergabe. So sahen wir vor dem Altar jede Menge Eichhörnchen Felle hängen. Wollen die Lappen von ihrer Rentierherde eine Krankheit abwenden oder aber Gott für ihr Glück danken, so bringen sie Rentierfelle, die sie auf dem Gang zum Altar hin ausbreiten, auf denen dann der Pfarrer entlang schreiten muss. So erhoffen sie sich die Gnade des Himmels. Die Pfarrer sind während der Marktzeiten voll beschäftigt, weil viele der Lappen nur einmal im ganzen Jahr und nur an diesen Tagen zur Kirche kommen. Und genau in dieser Woche muss all das erledigt werden, was man normalerweise im Laufe eines ganzen Jahres macht. Viele bringen ihre Kinder zur Taufe, Andere wollen ihre Verstorbenen begraben. Stirbt nämlich einer gerade dann, wenn sie im Westen am Meer oder sonst wo in einer anderen Region Lapplands weilen, ist es wegen der Beschaffenheit der Erde unmöglich, den Leichnam zu beerdigen. Aus diesem Grunde bestatten sie den Toten dort, wo er gerade gestorben ist, irgendwo in einer Höhle oder unter Steinen. Im Winter dann, wenn der Leichnam ohne Schwierigkeiten über das vereiste Schneefeld zur Kirche transportiert werden kann, holen sie ihn wieder heraus und bringen ihn zur Kirche. Um den Körper vor Fäulnis zu bewahren, versenken Einige den Körper auch ins Wasser entweder in einem Sarg, der wie ein gehärteter Baum funktioniert, oder in seinem Schlitten, um ihn später wieder herauszufischen und dann zum Friedhof zu bringen. Auch die Ehen werden an den Markttagen geschlossen. Meistens verbinden sie die Hochzeit mit diesem Zeitpunkt, um das Fest feierlicher und zusammen mit all ihren Freunden, die dann dort ebenfalls sind, unterhaltsamer zu feiern.

Die Lappen kommen zu den Markttagen, um mit Rentieren und Rentierfellen zu handeln. Sie verkaufen dort aber auch schwarze, rotbraune und weiße

Fuchsfelle, ebenso Fischotter-, Marder-, Biber-, Hermelin-, Wolfs-, und Eichhornfelle sowie Felle des Bären und einer Steinbockart. Aber auch Stiefel, Fausthandschuhe und alle möglichen getrockneten Fische und Rentierkäse werden angeboten (13).

Im Tauschhandel bekommen sie dafür Alkohol, dicke, lodenartige Stoffe, Silber, Kupfer, Eisen, Schwefel, Nadeln, Dolche, ja sogar Ochsenhäute, die die Moskowiter dorthin mitbringen. Die Preise sind immer gleich und einheitlich.

Ein normales Rentier kostet zwei Ecu. Vier Felle entsprechen dem Wert eines Rentieres. Ein *timber* (finn. *kihtelys*), also vierzig Eichhornfelle ebenso wie Marderfelle entsprechen einem Ecù. Bärenfell hat etwa den gleichen Preis wie drei weiße Fuchsfelle. Bei den anderen Gütern gibt es feste Preise. Eine halbe Elle Stoff kostet geschätzt etwa ein Ecù, ein Becher Branntwein oder ein Pfund Tabak rund die gleiche Summe. Wer kostengünstigere Ware haben will, gibt im Tausch dann je nach Wert ein, zwei oder drei Eichhornfelle.

Aber die Geschäfte laufen nicht so wie früher ab. Als die ehrlich handelnden Lappen merkten, dass man sie anschmieren wollte, lernten sie aufzupassen, ja sie fingen ebenfalls zu schummeln an als sich selbst beschummeln zu lassen.

Wie gering der tatsächliche christliche Glaube bei den Lappen ist, zeigt, dass sie nur sehr ungern in die Kirche gehen, um einer Predigt zu lauschen oder am Gottesdienst teilzunehmen. Der königliche Steuereintreiber muss sie schon unter Druck zum Kirchbesuch bewegen, indem er Männer zur Kontrolle zu deren Wohnstätten schickt, ob sie sich überhaupt dort aufhalten. Um am erzwungenen Kirchgang herumzukommen, versuchen einige Lappen den königlichen Beamten mit Geld zu bestechen. Welche von ihnen behaupten, im Vorjahr in der Kirche gewesen zu sein und meinen so Allem zu entgehen. Andere geben als angeblich legalen Grund an, sie gehörten zu einer anderen Kirche und seien auch dort schon gewesen. Das alles zeigt, dass Lappen nur unter Zwang Christen sind und auch nur mit Nachdruck ihre Christlichkeit ausüben.

Am Ende dieses Tages und den ganzen Dienstagmorgen suchten wir einen passenden Stein zum Gravieren, auf dem wir für alle Zeiten der Nachwelt zeigen konnten, dass drei Franzosen es geschafft hätten, bis an das Ende der Welt zu reisen, dass sie trotz Widrigkeiten, die so manchen hätten erschüttern können, es geschafft hätten, am Ende der Welt ein Erinnerungsdenkmal zu setzen. Ihr Mut und ihre Beherztheit hätten auch noch weiter gereicht, wenn sie nicht das Ziel ihrer Anstrengungen erreicht hätten. Die Inschrift lautete wie folgt:

Gallia nos genuit, vidit nor Africa, Gangem,

Hausimus, Europamque oculis lustravimus omnem,

Casibus et variis acti terraque marique

Hic tandem stetimus nobis ubi defuit orbis.

De Fercourt, de Corberon, Regnard

18. Augusti 1681

„Gallia hat uns geboren, Afrika hat uns gesehen, wir haben im Strom des Ganges gebadet, wir haben mit eigenen Augen ganz Europa gesehen. Die verschiedensten Geschicke mussten wir zu Land und zu Wasser erfahren. Hier stehen wir nun, am Ende der Welt".

Diese Sprüche kerbten wir in einen Stein und in eine Holztafel ein, obwohl wir überhaupt noch nicht den Ort erreicht hatten, wo dieser Gedenkspruch eigentlich hingehört hätte. Dennoch ließen wir die Holztafel mit unserer Gravur dort, die man dann oberhalb des Altars der Kirche von *Jukkajärvi* anbrachte[14]/[15]. Die andere Gravur nahmen wir mit,

---

[14] Diese gravierte Holztafel befand sich noch 1986 in der Kirche von Jukkasjärvi (Quelle: Retki Lappiin).

[15] Die Kirche von Jukkasjärvi wurde in den Jahren 1607-1608 als damals übliche Stützpfeiler-Holzkirche gebaut, womit ein längeres und größeres Kirchenschiff möglich ist. In Schweden ist diese die einzige. In ganz Finnland gibt es

um sie dann am Ende des Tornio Sees zu deponieren, von wo man auf das Eismeer sieht und die Welt tatsächlich endet.

Kapitel Nr. 9

Die Lappen, die uns als Fremdenführer begleiteten, waren kurz bei ihren Wohnstätten gewesen, um für etwas Proviant zu sorgen. Sie kamen mit acht Rentierkäsen und ein paar getrockneten Fischen zurück. Als sie wieder zurück waren, brachen wir gegen fünf Uhr abends von der Pfarrstube auf. Ein paar Stunden nach Mitternacht kamen wir an einen Wasserfall mit dem Namen *Vaccho* (auf finn. *Vakkokoski*), an dessen Ufer wir schließlich rasteten.

Während der ganzen Tour konnten wir den fast gleichzeitigen Untergang und Aufgang der Sonne bewundern. Dort sinkt die Sonne um elf Uhr abends und steigt um zwei Uhr morgens wieder auf. Während der gesamten Zeit war die Sicht so gut wie am hellen Tage. Die längsten Tage sind drei

---

noch 10 weitere. Beim Orgelbau 1997 hat der aus Süd-Lappland stammende Orgelbauer teils nicht nur Birken, sondern auch Rentiergeweih-und Leder verwendet (wikipedia.fi).

Wochen vor und drei Wochen nach dem Johannistag (22.6.). Die Sonne ist dann ständig zu sehen, selbst beim tiefsten Stand sinkt sie nicht unterhalb der Gebirgskämme. Im Winter aber ist an den kürzesten Tagen die Sonne für zwei Monate überhaupt nicht mehr zu sehen. An solchen „Kerzentagen" besteigt man die Gipfel des Gebirges, um ein Morgengrauen wenigstens zu erahnen. Die Nacht herrscht aber nicht ununterbrochen. Um die Mitte eines Wintertages merkt man eine Art dunkelgraue Dämmerung, die für ein paar Stunden anhält. Mit Hilfe dieser leichten Aufhellung und dem das ganze Land bedeckenden hellen Schnee können die Lappen jagen und fischen, was sie auch machen, obwohl Flüsse und Seen mit einer dicken Eisschicht bedeckt sind. Sie schlagen in regelmäßigen Abständen Löcher ins Eis, schieben mit Hilfe eines Speers ein Netz von einer zur anderen Öffnung und ziehen es dann wieder zurück. Jedoch dies klingt unglaublich: Manchmal verhängen sich in den Netzen Schwalben, die ein kleines Hölzchen in den Fängen haben. Wenn nun die Vögel aus dem Wasser gezogen werden, wirken sie wie tot und zeigen keinerlei Lebenszeichen. Wenn man sie dann aber in die Nähe eines Feuers bringt, merken sie die Wärme, fangen an, sich langsam zu bewegen, schwingen mit den Flügeln und fliegen schließlich weg als ob

Sommer sei. All diejenigen, die ich nach dieser eigenartigen Geschichte gefragt habe, haben mir das bestätigt.

Am Mittwochmorgen ging es wieder weiter und es gelang uns, auf die andere Seite des Wasserfalles zu kommen, um unsere Tour weiter zu Fuß fortzusetzen. Dabei sahen wir eine aus Laubwerk und Torf gebaute Kota. Dahinter waren auf einem Stangenzaun alle möglichen Sachen, wie ein paar Rentierfelle, irgendein Handwerkzeug und auf einem Speer hingen mehrere Fischernetze. Wir sahen uns alles genau an und setzten unsere Wanderung in Richtung Westen durch einen unbekannten Wald weiter fort. Mitten im Wald trafen wir auf ein für Lappland typisches Vorratslager, das aus insgesamt vier Baumstämmen sich zusammensetzte, die einen quadratischen Raum bildeten. Das Bauwerk war mit Brettern bedeckt. Die stützenden Bäume dieses Geheges sind normalerweise Tannenstämme, bei denen die Lappen die Rinde entfernt und dann mit Schmalz oder Fischöl eingerieben haben, damit weder Wölfe noch Bären es schaffen, an das Lager heranzukommen. Die Lappen bewahren dort ihre gesamten Lebensmittel auf, sei es Trockenfisch oder Rentierfleisch. Diese Lebensmittellager liegen mitten im Wald und etwa eine Meile vom offiziellen Wohnsitz entfernt. Die Lappen können sogar zwei oder drei derartige Lagerstätte in unterschiedlichen Richtungen haben. Weil sie ständig Opfer von Raubtieren werden, lassen sie sich alles Mögliche einfallen, um diese ins Leere laufen zu lassen. Unabhängig von sämtlichen Tricks passiert es aber oft, dass Bären an einem einzigen Tag all das auffressen, was der Lappe durch harte Arbeit sich und seiner Familie in einem ganzen Jahr mühselig erarbeitet hat. So war es einem Lappen ergangen, den wir am Tornio See trafen. Auf unserer Rückkehr trafen wir den völlig unglücklichen Mann, dessen Vorratslager von Bären völlig zerstört worden war, die alles wie in einem Rausch gefressen hatten, was irgendwie auch nur nahrhaft sein könnte.

Sie haben aber noch eine andere Art eines Lagers, was sie *nalla* bezeichnen. Auch das befindet sich mitten im Wald, ist aber nur auf die Spitze eines einzigen, hoch abgesägten Baumstammes gebaut. Sie kürzen den Baumstamm etwa in einer Höhe von sieben Fuß. Darauf befestigen sie dann kreuzweise zwei Hölzer. Und darauf errichten sie ein kleines, mit Brettern beschlagenes Häuschen, das an einen Taubenschlag erinnert. Um an das Lager überhaupt heranzukommen, gibt es nicht irgendeine Leiter, sondern nur den Baumstamm selbst, in den

sie ein paar kleine Einkerbungen zum Klettern rein-
geschlagen haben.

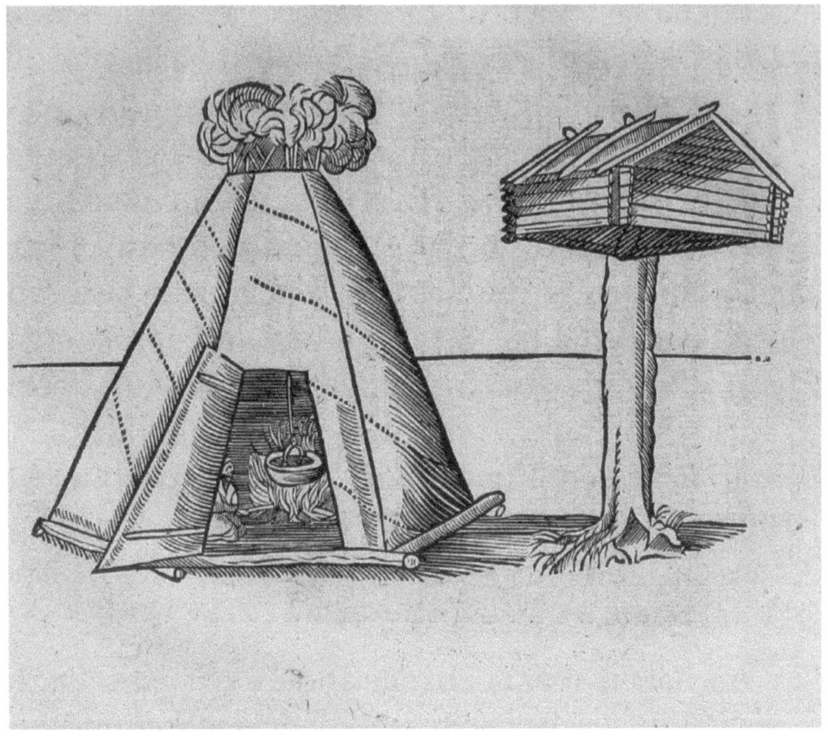

Nach ein paar Abbiegungen kamen wir nach einer halben Stunde an das Ufer des Sees und trafen
dort auf einen uralten Lappen, der mit seinem Sohn
gerade zum Fischen losgehen wollte. Wir fragten
ihn nach allem Möglichem aus, auch nach seinem
Alter, was er aber nicht angeben konnte. Eine derartige Unwissenheit ist bei Lappen völlig normal,

die noch nicht einmal die Jahreszahlen kennen. Zeit bedeutet für sie nur der Wechsel von Winter zum Sommer. Wir gaben dem Mann Tabak und Branntwein. Er sagte uns, er habe unser Nachtlager gesehen und sei schnell in die Tiefe des Waldes geflohen, von wo er uns aber genau beobachtet hätte. Als er dann feststellen konnte, dass wir nichts von seinen Sachen mitgenommen hätten, hätte er den Mut gehabt, sein Versteck zu verlassen und seiner Arbeit nachzugehen. Wir spendeten dem armen Mann reichlich Tabak und Schnaps, was das Beste ist, was man einem Lappen anbieten kann. Er wiederum versprach uns, uns bei unserer Rückreise einzuladen, um uns seine Herde von siebzig bis achtzig Rentieren und seinen gesamten kleinen Besitz zu zeigen.

Wir setzten unsere Reise fort und übernachteten in einer Kate oder Kota, wie die Lappen es nennen, und zwar dort, wo der See zu einem Fluss wird. Lieber Leser, ich habe schon sehr viel über die Wohnstätten der Lappen gesprochen, habe sie aber noch nicht richtig beschrieben. Nun ist es an der Zeit, ihre Neugierde zu befriedigen.

Die Lappen haben keinen festen Wohnsitz, sondern ziehen von Ort zu Ort, wobei sie ihren gesamten Besitz mittransportieren. Ein Ortswechsel verlangt Fischfang, wovon die Lappen leben. Auch die Rentiere müssen ernährt werden. Wenn die Herde um die letzte Wohnstätte herum alles gefressen hat, ist man gezwungen, woanders neue Weideplätze zu finden. In den Sommermonaten halten sie sich meistens an Seeufern oder in der Nähe von Wasserfällen auf. Im Winter durchstreifen sie lieber die Wälder und Gegenden dort, wo ihrer Meinung nach mit gutem Wildbestand zu rechnen ist. Ihr Umzug geht sehr schnell und mühelos. In nur einer Viertelstunde packen sie ihre Wohnstatt zusammen und sammeln sämtliches Werkzeug, welches die Rentiere dann schleppen müssen. Die Tiere bedeuten für sie eine echte Hilfe. Beim Umzug nehmen sie fünf oder sechs Rentiere, auf deren Rücken sie dann – so wie wir es mit Pferden machen - alles draufpacken einschließlich der Kinder, die noch nicht laufen können. Die Rentiere gehen hintereinander, jedes jeweils mit einem, um den Hals des Vordertieres geschlungenem Seil verbunden. Die gesamte Familie, die ganze Herde einschließlich der weidenden Schafe[16] folgt den Tieren in Reih und Glied.

Sobald man den neuen, passenden Wohnplatz gefunden hat, werden die Tiere von ihren Lasten

---

[16] Lappen haben keine Haustiere wie Schafe, Ziegen oder andere gehalten.

befreit und man beginnt sofort mit dem Bau einer Wohnstatt. Als Gerüst richten sie vier Pfähle so auf, dass in deren Mitte eine Öffnung entsteht. Alles wird mit Stangen gehalten und dagegen zusätzlich Pfähle gelehnt. So entsteht von selbst ein „Gebäude“, das die Form einer Glocke hat. Die Pfähle werden dann mit großen Stoffbahnen gedeckt, die in ihrer Sprache *woaldmar* (auf finn. *sarka),* eine Art Lodenstoff, genannt werden. Diese Bahnen sind dann gleichzeitig sowohl Innen-als auch Außenwände. Reichere Lappen nehmen zum Schutz gegen Wind und Regen doppelte Bahnen, ärmere nehmen einfach Moos. In der Mitte der Kota – wir nennen es Kate - brennt ein Feuer, dessen Rauch durch die extra oben gelassene Öffnung abzieht. Dieses Feuer brennt Tag und Nacht, sowohl im Sommer als auch im Winter. Ein Grund, warum Lappen häufig schon im jungen Alter erblinden[17] Oberhalb des Feuers befindet sich ein Topf an einem eisernen Haken, der aber auch nur ein Birkenholzstamm sein kann. Über dem Feuer hängt immer ein Kessel, besonders im Winter, um Schnee zu schmelzen. Hat man Durst, so nimmt man eine Kelle mit Schnee

---

[17] Die ständigen Strahlungen durch den gleißenden Schnee in den Wintermonaten und im Sommer durch die Sonnenstrahlen über viele Stunden als Urheber der frühzeitigen Blindheit dürfte damals noch nicht völlig bekannt gewesen sein.

und hält diese kurz in das siedende Wasser bis der Schnee geschmolzen ist. Auf dem Boden so einer Kota liegen Birken- oder Tannenäste, die auch gleichzeitig als Schlafstatt dienen. Alte wie junge Leute, Männer wie Frauen, Eltern und Kinder leben alle unter dem gleichen Dach. Sie schlafen alle völlig nackt zusammen auf Rentierfellen, was aber oft auch zu nicht ganz ungefährlicher Disziplinlosigkeit führen kann. Die Tür so einer Kota ist sehr eng und niedrig, dass man hineinkriechen muss. Normalerweise ist diese Öffnung wegen der Nordwinde in Richtung Süden.

Es gibt aber auch Lappen, die eine festere, größere und sechseckige Wohnstätte haben. Sie bauen diese, indem sie Tannenstämme übereinander schichten und die Zwischenräume mit Moss abdichten. Solche Bauten gehören meistens Reicheren, die zwar auch ihren Wohnsitz wechseln, aber nach einer bestimmten Zeit immer wieder in die gleiche Region zurückkehren, meistens in Nachbarschaft von Wasserfällen, die zum Fischfangen sehr geeignet sind.

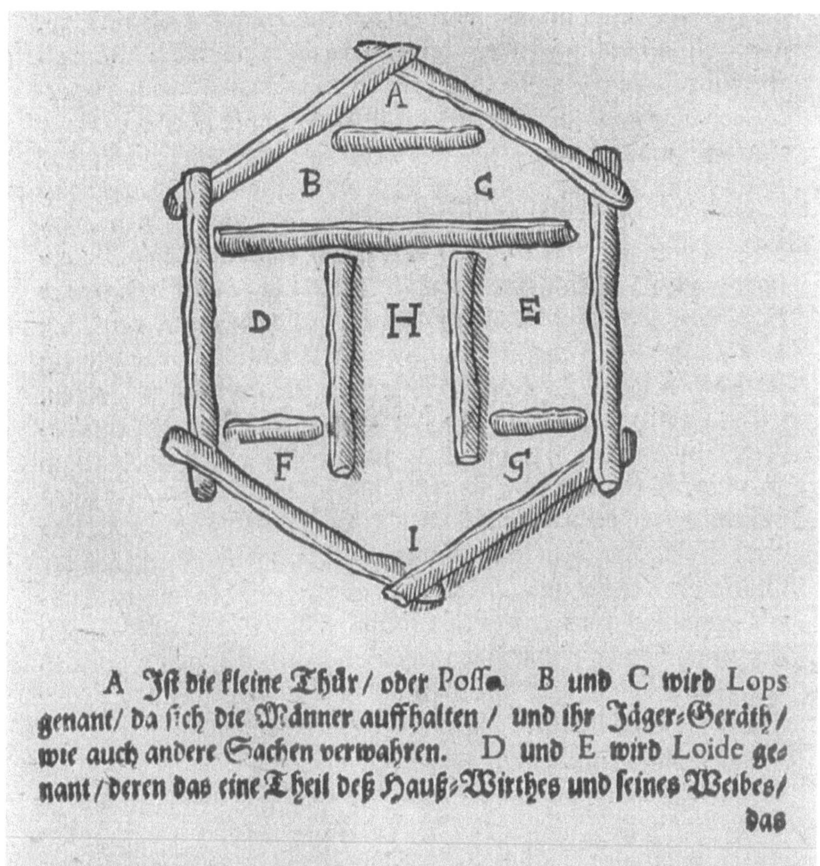

Wir übernachteten in der Nacht davor in einer solchen Kate. Sie war oben nur mit Ästen beschwert, die dann mit Moos verdichtet waren. Dort trafen wir zwei Lappen, die wir mit Handschlag und dem Wort *Pourist* begrüßten. So ist die Begrüßung nach Art der Lappen und bedeutet „Willkommen". Diese armen Menschen begrüßten uns ebenso und entgegneten *Pourist oni*[18], was heißt: Auch ihr seid willkommen. Ohne viel der Worte zu machen, beugen sie zur Begrüßung ein wenig die Knie, wie man es von den Moskowitern kennt. Um unsere Bekanntschaft zu vertiefen, schenkten wir ihnen fünf oder sechs verschiedene Sorten von Branntwein. Die Folge war, dass sie einfach davon zu viel schluckten und der Alkohol ihnen bald zu Kopf stieg. Einer der beiden wollte dann als Hexenmeister auftreten und griff zu seiner Trommel. Weil die Trommel Teil ihres Aberglaubens ist, erlauben sie, lieber Leser, sicherlich, dass ich ihren Glauben näher beschreibe.

Kapitel Nr. 10

Es ist allgemein bekannt, dass die Skandinavier schon immer der Götzenanbetung und der Magie verfallen sind. Besonders die Finnen übertreffen da alle. Von ihnen kann man sagen, sie beherrschen die Teufelskunst so gut als ob Zarathustra oder Kirke[19] ihre Lehrer waren. Schon von alters her sind die

---

[18] In der finnischen Sprache bedeutet „onni" Glück.
[19] Mi Kirke die in der griechischen Mythologie beschriebene Zauberin Circe oder auch Zirze gemeint.

Finnen dafür bekannt. Ein Däne berichtete, als von den Finnen die Rede war, denen ja die Lappen entstammen: *Tunc Biarmenses arma artibus permutantes carminibus in nimbos solvere coelum, laetamque aeris faciem tristi imbrium aspergine con faderunt.* „Dann wechseln mit Hexenkünsten die Bjarmi[20] die Waffen, zaubern den Himmel voller Wolken und verwandeln eine klare, helle Wetterlage in ein dunkles Ungewitter". Hier ist eindeutig zu erkennen, dass die Finnen ebenso gute Soldaten wie auch Zauberer sind. Der Däne schreibt an anderer Stelle noch: *Sunt Finni altimi Septentrionis populi, vix quidem habitabilem orbis terrarum partem cultura complent; acer iisdem telorum est usus, non alia gens promptiore jaculandi peritia fruitur; grandibus et latis sagittis dimicant, incantationum studiis incumbunt* und so weiter. „Die Finnen sind die allernördlichsten Bewohner in einem kaum zum Leben und Wohnen geeigneten, einsamsten Landstrich der Welt. Sie sind die allerbesten Speerwerfer und kein anderes Volk vermag zielsicherer mit einem Bogen zu schießen. Im Kampf benutzen sie große und breite Pfeile und üben die Zauberkunst aus". (frei übersetzt)

---

[20] In alten Schriften und Karten werden die Finnen auch mit Bjarmi bezeichnet.

Wenn die Finnen früher auch so große Hexenmeister waren, so stehen die von ihnen stammenden Lappen nicht schlechter da. Christianisiert sind sie nur oberflächlich und auch nur unter Druck. Aus ihrem Herzen konnte man die Götzenanbetung nicht herausschneiden. Sie ist eher zum Anfassen und zieht sie selbst auch mehr als ein normaler christlicher Gottesdienst an. Den Irrglauben der Lappen kann man in zwei Hauptgruppen teilen. Zur ersten Gruppe zählt der Glaube an Aberglauben und Teufelei, zur zweiten die Zauberformeln und Hexensprüche. (14) Ihr Glaube an Zauberei wird auch daran erkennbar, dass sie besonders ein Augenmerk auf besondere Tage wie den Katarina- und den Markustag[21] und einige andere haben. An solchen Tagen weigern sie sich, in den Wald zu gehen, weil sie meinen, ihr Bogen könne zu Bruch gehen. Am Weihnachtstag machen sie sich nicht auf den Weg, weil es Unglück bringen könnte. Ihr Aberglaube rührt daher, dass sie die Ereignisse gerade dieses Tages falsch interpretieren, weil die Engel dann vom Himmel herabkommen und die Herden aufscheuchen. Sie glauben, dass in der Luft ein schlechter Geist herumschweift, der sie verletzen könnte. (15) In ihrem Aberglauben stellen sie sich

---

[21] Der Namenstag Katarina ist am 25.11. und der des Markus am 25.4.

auch vor und haben eine panische Angst, dass die Seele eines Verstorbenen noch herumirrt. Falls ein Verstorbener mit jemanden einen nicht gelösten Streit hatte, muss ein Dritter mit dem Überlebenden zum Grab des Verstorbenen gehen und den Streit zwischen beiden nachträglich schlichten. Einen ähnlichen Aberglauben gab es in der Antike zur heidnischen Zeit, als man von Seelenwanderung sprach, *quasi qui maneant post obitum*, deren Seelen nach dem Tod wandern. Das Alles ist nichts als reiner Aberglaube. Aber im folgenden Teil wird man verstehen, wieviel Gottlosigkeit, Aberglaube und Hexenglaube dahinter steckt.

Ersten vermischen sie völlig falsch Christus mit dem Teufel und meinen, sie könnten ihnen dienen, wie es ihnen gerade in den Kopf schießt. Diese Verwirrung erkennt man schon an ihrer Trommel, womit sie *Storiunchar* samt Familie als auch Christus und seine Jünger verbinden. Sie haben drei Hauptgötter. Der Erste ist der Donnergott *Thor*, der Zweite *Storiunchar* und der Dritte *Parjutte*, was Sonne bedeutet. (16)

Diesen drei Göttern dienen die Lappen aus den Regionen *Luulaja* und *Piitimen*. Die Lappen aus Kemi und Tornio, mit denen wir zusammengelebt haben, haben nur einen Gott namens *Seyta*, der aber identisch mit *Storiunchar* ist. Diese Gottheiten sind hohe Steine, von der Form her solche, wie man sie an den Ufern der Seen findet. Also ein besonders aussehender, rauer Stein voller Löcher und Vertiefungen verkörpert einen Gott. Umso ungewöhnlicher dieser Stein im Aussehen und von der Form ist, desto mehr verehren sie ihn.

Der Erste im Rang der Götter ist *Thor*. Sie halten ihn für den Herrscher der Gewitter und opfern ihm deswegen auch ein Kalb. An zweiter Stelle steht *Storiunchar*, ein Gehilfe des *Thor*, man könnte auch sagen *Thoriumchar*, der Befehlsempfänger Thors. Er ist Herrscher aller Tiere, Vögel und Fische. Und da die Lappen ihn am häufigsten benötigen, opfern sie ihm auch mehr zu dessen Gefälligkeit. Dessen Einfluss ist an den Ufern der Seen, an den Rändern der Wälder am größten, dort wo sein Entscheidungswille und seine Macht am stärksten zum Ausdruck kommen. Der Dritte der Götter ist sowohl für die Lappen als auch andere Heiden wichtig. Es ist die Sonne, die sie wegen der vielen Vorteile verehren, die die Lappen durch sie erhalten. Von den drei Göttern dienen sie ihr am meisten, soweit ich das verstanden habe. So verjagt sie als Erste die eisige Kälte, unter der sie neun Monate lang gelitten haben. Sie legt den Erdboden wieder frei und gibt den Rentieren Nahrung. Sie bringt den Tag mit sich, der über Monate herrscht, und lässt die Dunkelheit verschwinden, unter der sie eine lange Zeit wie begraben waren. Ein Grund, warum für sie das Feuer so wichtig ist, wenn die Sonne verschwunden ist. Sie haben die Vorstellung einer lebenden Sonne, die ebenso viel wie am Himmel auch auf Erden erreicht.

Auch wenn jede Lappenfamilie ihre eigne Gottheit hat, so haben die Lappen auch allgemeine Plätze, wo sie gemeinsame Gottheiten finden. Ich berichte hier von einem Ort, wo ich selbst gewesen bin und ihren Altar gesehen habe. Zu diesen Orten bringen sie gewöhnlich ihre Opfergaben auf folgende Weisen:

Wenn die Trommeln der Lappen signalisiert haben, dass ihre Gottheit nach Blut dürstet und eine Opfergabe verlangt, bringen sie als Opfertier ein männliches Rentier zum Altar des Gottes, dem sie opfern wollen. Nicht eine einzige Frau oder Mädchen darf sich diesem Ort nähern. Ein Opfer darzubringen, ist Frauen grundsätzlich nicht erlaubt. Am Fuße des Altars töten die Männer das Opfertier, indem sie mit einem Dolch die Rippen und das Herz durchstoßen. Dann kommen sie andächtig zum Altar und legen dort Fett, Blut und Herz ab. (17) Sie bestreichen ehrerbietig ihren Gott und zeichnen mit

Blut Kreuze auf. In ihrem Aberglauben legen sie daneben die Läufe, die Knochen und das Geweih des Tieres. Auf der anderen Seite ziehen sie auf einem zinnoberroten Band die Geschlechtsteile des Rens auf. Die opfernden Lappen nehmen sämtliche essbaren Teile mit nach Hause und lassen nur das Geweih der Gottheit. Manchmal ist der Altar, wo man opfern will, unerreichbar auf einem Gipfel des Gebirges, wo ihrer Meinung nach der Gott seinen Wohnsitz hat. Weil sie in einem solchen Falle nicht direkt ihren Gott mit Blut des Opfertieres bestreichen können, tauchen sie kleinere Steine in das Blut und werfen diese dann Richtung Bergspitze, wohin sie selbst eben nicht passieren können.

Sie geben Opfer nicht nur den Göttern, sondern auch den Geistern ihrer verstorbenen Eltern und Freunde, um Schaden von ihren abzuwenden. Beim Opfer selbst aber gibt es in diesen Fällen den Unterschied, dass die oben beschriebene Schnur nicht rot, sondern schwarz ist. Auch vergraben sie nicht das, was vom Opfertier überbleibt wie die Knochen und das Geweih. Diese werden auch nicht dem Gott geweiht, sondern auf den Altar sichtbar drapiert.

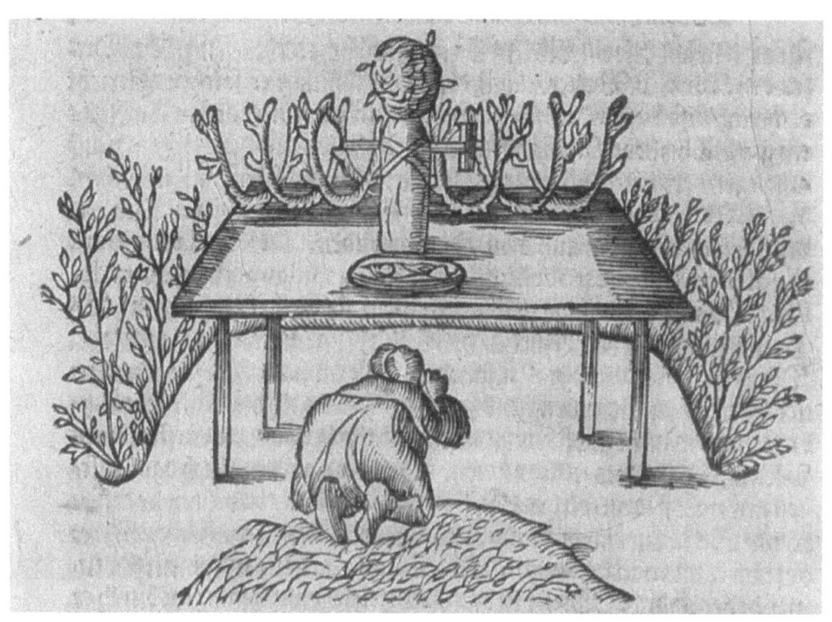

All das haben sie mit den Heiden gemeinsam. Untersuchen wir nun, was es an ihrer Hexerei Besonderes gibt. Auch wenn die schwedischen Könige durch Androhungen und Strafen die Hexerei teilweise unterdrückt haben, ist es dennoch nicht vollkommen gelungen, den Kontakt zum Teufel den Lappen völlig auszutreiben. Es hat lediglich bewirkt, dass die Anzahl der Hexerei sich verringert hat und man es nicht mehr wagt, diese in der Öffentlichkeit auszuüben.

Eine von ihren unzähligen Zaubereien, zu der sie fähig sind, ist die, dass sie es vermögen, ein Schiff mitten während der Fahrt zu stoppen.(18) Die einzige Möglichkeit, diesen Vorgang zu entzaubern ist die, dass man das Schiff mit Menstrualblut einer Frau bestreicht, deren Geruch schlechte Geister nicht ausstehen können. Ebenso schaffen sie es, die Wetterlage zu verändern und den Himmel zu bewölken. Der Einfachste ihrer Tricks ist, demjenigen Wind zu verkaufen, der diesen benötigt. Dazu haben sie ein großes Tuch, in das sie an verschiedenen Stellen Knoten binden. Das Tuch wird für den, der Wind braucht, geöffnet. Beim Öffnen des ersten Knotens spürt er einen milden, leichteren, angenehmen Windhauch, beim Öffnen des zweiten Knotens wird der Wind schon stärker und beim dritten entsteht geradezu ein Sturm. Der Verkauf solcher Winde sei, wie erzählt wird, in diesem Lande völlig normal. Es wird gesagt, dass auch nur sehr wenige Hexenmeister dies beherrschen, wenn nur der Wind ein wenig bläst, den man zum Aufblasen nur ein bisschen reizen muss. Zu all diesen wundersamen Geschichten kann ich schlichtweg nichts sagen, da ich all das eben Geschilderte mit eigenen Augen niemals gesehen habe. Allerdings kann ich von der Trommel eine sichere Geschichte erzählen.

Die umbgekehrte Seite der Trummel.

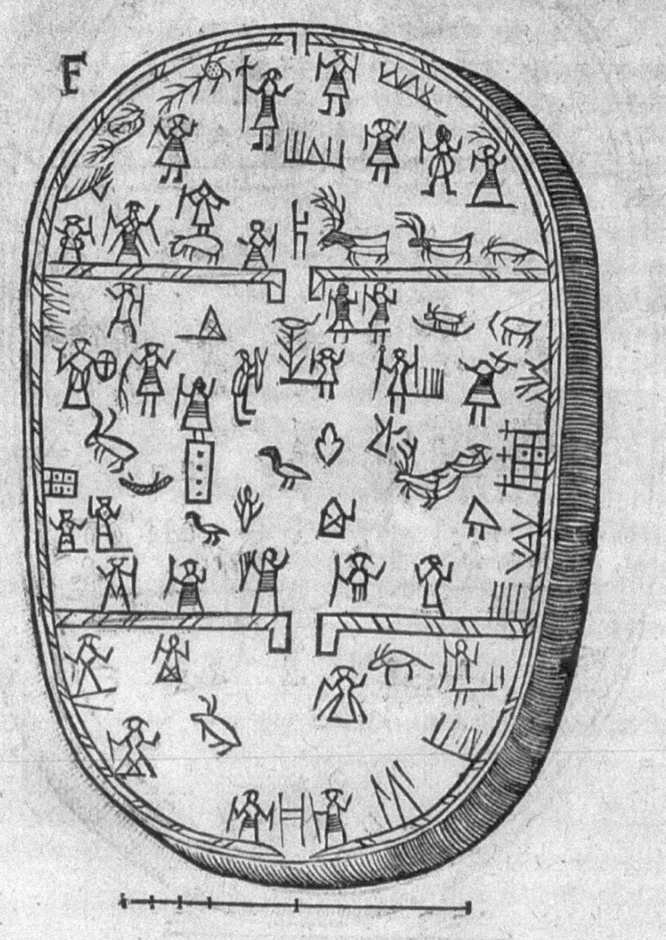

Diese Trommel (19) mit der Bezeichnung *kannus*, mit deren Hilfe sie sämtliche Zauberkünste begleiten, wird aus einer an einem bestimmten Ort gewachsenen Tanne oder einer Birke gefertigt, deren Fasern sich von Osten nach Westen gedreht haben. Die Trommel wird aus einem einzigen Holzstück gefertigt, in das man eine ovale Höhlung gekerbt hat. Auf der unteren Seite ist eine Wölbung mit zwei runden Vertiefungen für die Finger, damit man so die Trommel sicherer und fester halten kann. Die Oberseite wird mit Rentierleder bespannt. Auf der Trommel sieht man verschiedene, mit roter Farbe gemalte Zeichen. In der Mitte zeichnen sie zuerst einen Strich in der Horizontalen. Darüber bilden sie die von ihnen am meisten bewunderten Götter wie *Thor* mit seinen Helfern und *Seita* ab. Genau unter diesem Mittelstrich malen sie ein weiteres Bild, was etwa bis in die Mitte der Trommel sich zieht. Hier sind dann Jesus Christus mit meist drei Aposteln zu erkennen. Oberhalb des Mittelstrichs zeichnen sie den Mond, die Sterne und Vögel. Die Sonne dagegen findet man unterhalb des Strichs und darunter Tiere wie Bären und Schlangen. Auf der anderen Seite sind Seen und Flüsse abgebildet. So also sieht eine Trommel aus. Dennoch zeichnet man unterschiedliche Figuren, mit deren Hilfe man erkennen kann, wo man fischen und wo man jagen kann. Mit dieser Hilfe will man aber auch klären oder fragen, führt eine Erkrankung zum Tode oder nicht. Und auf die gleiche Weise versucht man, vielerlei Dinge zu klären, bei denen man sich unsicher ist.

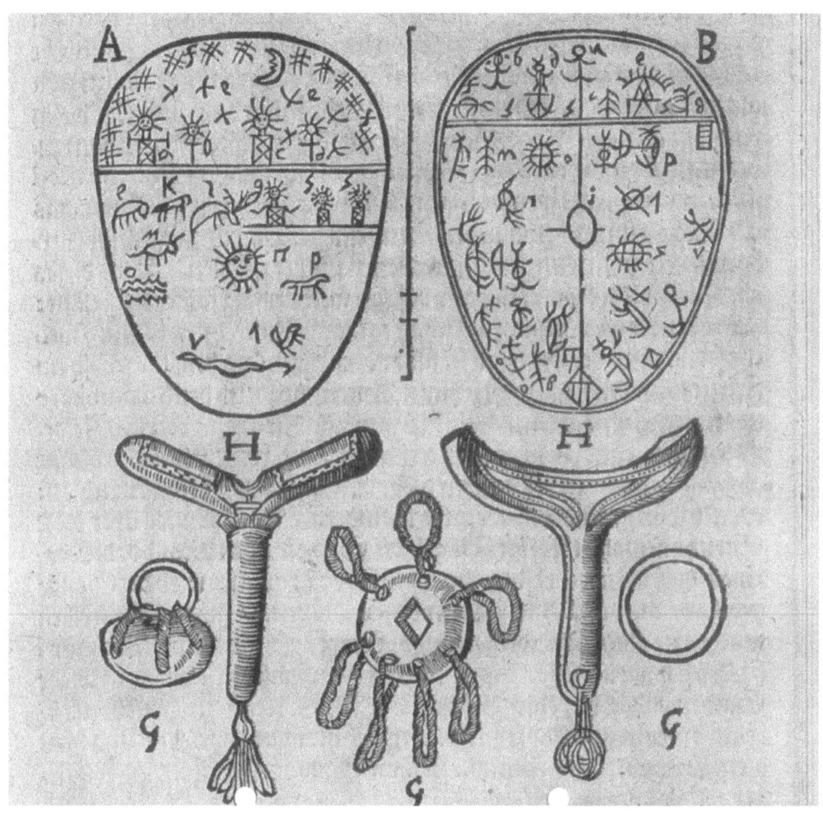

Um Trommeln schlagen zu können, benötigt man zwei Sachen, einen Zeiger, der aufzeigt, wo man etwas in Erfahrung bringen kann , und einen Schläger, mit dem man auf die Trommel schlägt, um den Zeiger zu bewegen, bis dieser an einem der bildlichen Symbole stehen bleibt. Der Zeiger ist normalerweise ein Stück Kupfer, das die gleiche Form hat wie Schmuckplatten von Pferdegebissen, an denen mehrere Kupferringe hängen. Der Schläger ist aus einem einzigen Knochen eines Rens in T-Form gefertigt. Es gibt auch andere Formen, aber diese sind die häufigsten. Die Lappen schätzen diese Gerätschaften so hoch ein, dass sie diese immer mit Rentierleder oder anderem Material umwickeln. Niemals bringen sie diese durch eine normale Tür einer Kota, die auch Frauen nutzen, sondern entweder direkt durch die Abdeckung der Wohnstätte oder von oben durch den Rauchabzug.

Die Trommel wird in der Regel für drei Sachen hauptsächlich genutzt: Zusammen für die Jagd und für das Fischen und zusammen mit den Opferritualen, um auch zu erfahren, was sich in den entfernteren Regionen ereignet hat. Will man von der Trommel etwas wissen, so bringt man sie, um das Leder zu spannen, in die Nähe eines Feuers. Dann gehen alle Anwesenden und der Hexenmann auf die Knie und dieser fängt an, sich unter ständigem Trommeln zu bewegen. Die Trommel schlagend stößt er wie besessen vom Teufel Worte aus. Sein Gesicht wird blau, die Haare steigen zu Berge, schließlich stürzt er auf sein Gesicht und bleibt bewegungslos liegen. In diesem Zustand bleibt er so lange, wie er vom Teufel besessen ist, bis sich langsam Lebenszeichen zeigen, dass er dort gewesen ist, wo alles angefangen hat. Wieder zu Sinnen gekommen, offenbart er die Zeichen des Teufels und gibt Hinweise, was man ihm angetragen hat.

Eine andere, nicht so eigenartige und harmlosere Methode ist, mit Hilfe der Trommel Erkenntnisse über den Ausgang einer Erkrankung zu bekommen. Dies erkennt man, wenn der Zeiger an Glück- oder Unglück bringenden Abbildungen hängen bleibt.

Die dritte, restlos harmlose Art des Trommelgebrauchs ist, festzustellen, in welche Richtung man gehen sollte, damit auch die Jagd gelingt. Wenn der sich bewegende Zeiger mehrfach in Richtung Osten, Westen, Süden oder Norden stehen bleibt, bestimmen sie, dass beim nächsten Halt des Zeigers die glücksbringende Richtung angezeigt wird.

Aber es gibt auch noch einen vierten Grund zum Gebrauch der Trommel. Mit ihrer Hilfe erfragen sie, ob ihre Gottheit ein Opfer verlangt und welches. Ebenso opfern sie und versuchen gleichzeitig zu verstehen, welches der dargebrachten Opfer der Gottheit besonders gefällt.

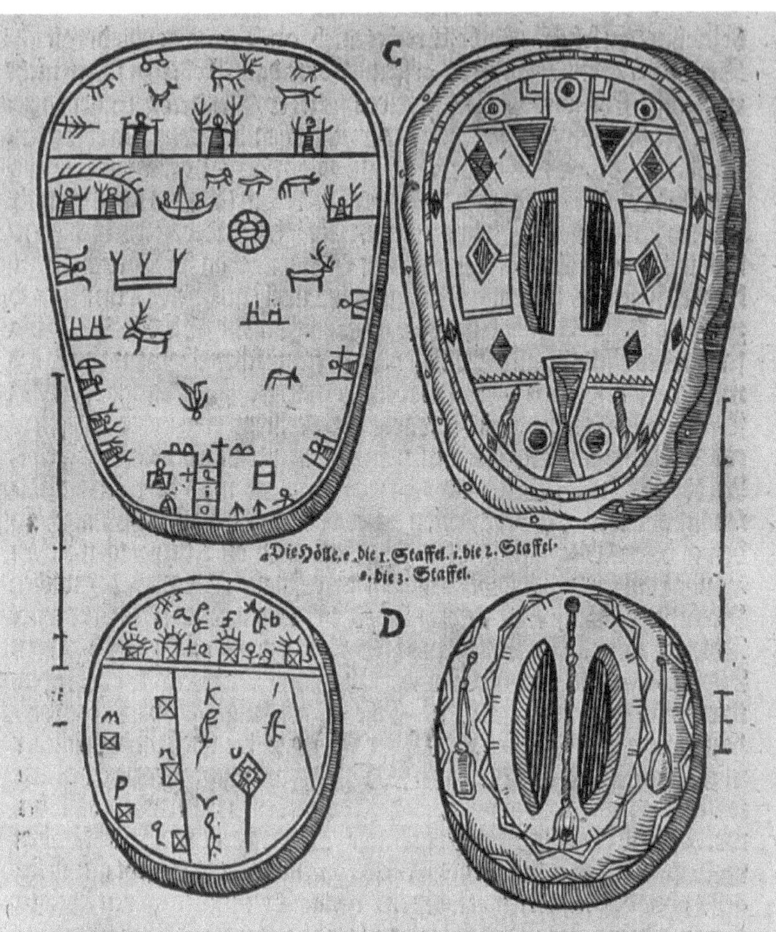

a. Die Hölle. e. die 1. Staffel. i. die 2. Staffel.
s. die 3. Staffel.

a. Bedeutet die Vögel. *b.* schwartze Füchse/ *c.* den Gott Tiuur, *d.* den
Gott Thoro, *e.* den Hammer Thoronis, *f.* den Storjunkare, *g.* ein
hölzern Gößenbild. *h.* den Diener. *i.* Stern. *k.* Ochsen. *l.* Bock. *m.*
Stern. *n.* Mond. *o.* Sonne. *p.* Stern. *q.* Stern. *r.* Wolff. *s,* nonas
fiord das ist.

In

Auf diese Weisen verwenden sie diese merkwürdige Lappen-Trommel, deren derartiger Einsatz uns in Frankreich völlig unbekannt ist. Mich selbst hat es überhaupt nicht überzeugt, diesen Hexenmeistern Glauben zu schenken, wenn ich es nicht mit eigenen Augen erkannt und gesehen habe. Ich halte es persönlich für Hokuspokus, obwohl viele Personen mir gegenüber behauptet haben, alles hätte seine Richtigkeit, auch, dass die Lappen so sehr weit entfernte Vorgänge erkennen könnten. Selbst der von mir schon früher erwähnte Kirchenherr Johannes Tornaeus, ein sehr gelehrter Mann, der sofort mein Vertrauen gewinnen konnte, berichtete mir, dass Ähnliches ihm häufiger so ergangen sei[22]. Einige Lappen hätten wiederholt ihm von den Ereignissen auf seinen Reisen in allen Einzelheiten berichtet, dass es ihm schwer gefallen sei, ihnen keinen Glauben zu schenken. Das Archiv von Bergen bekräftigt ein Ereignis, das einem Gehilfen eines Kaufmanns passierte. Dieser wollte wissen, wie es gerade seinem in Deutschland weilenden Vorgesetzten gehe, und ging deshalb zu einem im ganzen Land bekannten Lappen. Die Aussagen des Hexenmeisters wurden in der Stadtbibliothek

---

[22] Hier gehen bei Regnard die Zeiten völlig durcheinander. Denn Johannes Tornaeus war ja gerade kurz vor Regnards Ankunft gestorben. Und nirgends wird erwähnt, dass man sich noch zu Lebzeiten von Tornaeus begegnet ist.

schriftlich festgehalten, was für das Geschehen beweisend ist. Der Kaufmann selbst gab laut den Aufzeichnungen zu, er hätte an dem Tage mit einem Mädchen im Bett gelegen. Neben dieser Geschichte hätte der Lappe noch sehr viel anderes gewahrsagt (20). Die mir das alles erzählt haben, waren wirklich vertrauenswürdige Menschen, denen ich schon glauben konnte.

Sei es wie es sei, Wahrheit oder Lüge, sicher ist, dass die Lappen ihrer Trommel restlos und blind glauben. Ihr Glaube ist sehr verfestigt, da sie täglich beobachten können, wie sich diese Voraussagen auf merkwürdige Weise bewahrheiten.

Aber wenn die Trommel das einzige Gerät wäre, mit dem sie ihre Teufelskunst ausüben, würden sie sich nur selbst schaden. Aber sie haben noch eine andere Methode, auch einem anderen Menschen mit einem Unglück, mit Schmerzen, mit Krankheit und Tod zu schaden. Dazu benutzen sie einen kleinen, taubeneigroßen Ball, den sie in alle Richtungen schicken können, natürlich nur eine bestimmte Strecke. Der Ball bleibt auf seiner Bahn stehen, wenn er ein Lebewesen berührt hat, sei es Mensch oder Tier, dem es dann so wie verflucht ergeht. Der Franzose, der in *Svappavaara* über dreißig Jahre schon lebte und uns während unserer ganzen Lapplandreise als Dolmetscher diente, behauptete, er hätte so einen fliegenden Ball viele Mal vorbeifliegen gesehen. Die genaue Form sei schwer festzustellen, aber der Ball hätte eine unheimliche Geschwindigkeit und würde eine eindeutige, blaue Spur hinterlassen. Er sei einmal im Gebirge gewandert, als so ein *gan*, wie ihn viele nennen, seinen Hund getroffen habe, der ihm auf dem Fuß gefolgt sei. Der Hund sei dort an dem Platz sofort gestorben, obwohl er kurz davor noch vor Lebensfreue fast geplatzt sei. Er hätte die Eintrittsstelle gesucht und nur unter dem Kehlkopf ein Loch festgestellt. Im Körper des Hundes hätte er aber nichts gefunden, wohin der Hund getroffen hätte sein können.

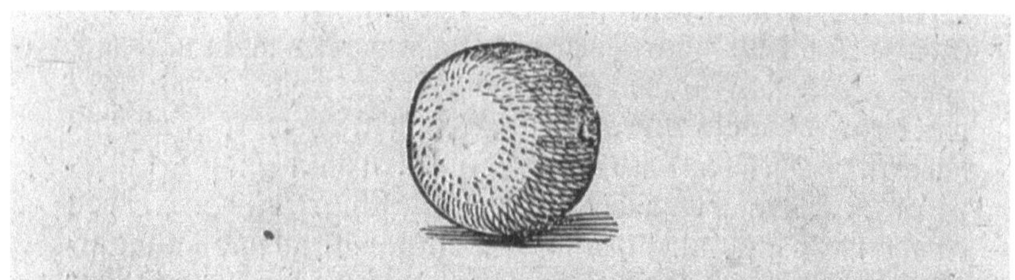

Die Lappen bewahren den *gan*- Ball in einem Ledersäckchen auf. Die Allerbösesten können nicht einen Tag sein, ohne einen *gan* auf die Reise zu schicken, der auch in der Luft Unheil anrichtet, falls er nicht auf einen bestimmten Menschen trifft. Wenn sich ein Lappe über einen Anderen, der diese Teufelskunst ebenso beherrscht, ärgert und ihm Schaden zufügen möchte, ist sein *gan* völlig wirkungslos, wenn der Andere es besser kann und ein größerer Hexenmeister ist. Sämtliche Einwohner der Region fürchten sich sehr vor diesen Geschossen. Ja sie verehren diesen Mann und wagen es nicht, ihm zu schaden. All diese Geschichten von deren Hexenkünsten habe ich teils durch eigene Erfahrung, teils durch Erzählungen glaubenswürdiger Menschen , teils über die Geistlichen dieser Region erfahren, die ich alle danach ausgefragt habe.

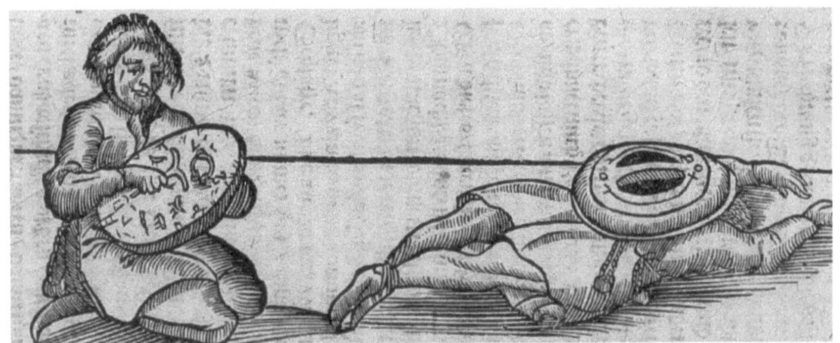

Ist einem Lappen der Alkohol zu Kopf gestiegen, will er sich als Hexenmeister ausgeben. Er greift zur

Trommel und hämmert auf ihr herum, sich selbst ständig drehend und wendend, als sei er in einem Trancezustand. Wir testeten sie dann in diesem Zustand und fragten sie aus, ob unsere Mütter und Väter noch am Leben seien. Hier eine klare Antwort zu geben, war keineswegs leicht. Wir waren zu dritt. Bei einem von uns lebten noch Vater und Mutter, beim Dritten lebten beide Elternteile nicht mehr. Unser Hexenmeister sagte uns alles sehr präzis und beherrschte die Situation vollkommen. Keiner der uns begleitenden Finnen und Schweden waren über unsere Familienverhältnisse keineswegs aufgeklärt, so dass wir sie auch nicht verdächtigen konnten, dem Lappen vorweg einen Wink gegeben zu haben. Aber in diesem Falle war der Hexenmeister in Gesellschaft von Menschen, die nicht mit Wenigem zufrieden waren und mehr und Besonderes erzwingen wollte, etwas, was nicht reiner Zufall sein könnte. Also sagten wir ihm, dass wir ihm als Hexenmeister vertrauten, aber noch viel mehr, wenn er es schaffte, seinen Geist in eines unserer Häuser daheim zu schicken, um von dort etwas zu holen, damit wir dann auch tatsächlich sehen könnten, dass er dort gewesen sei. Ich bat um die Zimmerschlüssel meiner Mutter, von denen ich wusste, dass sie diese immer bei sich trug oder unter einem Kissen versteckt hat. Ich bot ihm fünfzig

Dukaten an, wenn er es schaffte, mir die Schlüssel zu bringen.

Da es sich ja bis nach Frankreich um eine riesige Entfernung handelte, musste unser Hexenmeister drei oder vier gut gefüllte Becher Branntwein die Gurgel herunterlaufen lassen. So würde seine Reise angenehmer sein und er würde auf seinen Schutzgeist mit möglichst starken und mächtigen Beschwörungen einwirken, damit dieser möglichst bald sich auf die Reise machte und ebenso schnell auch zurückkäme. Er kniete auf allen Vieren auf die Erde, seine Augen verdrehten sich in seiner Erregung, die Farbe seines Gesichtes veränderte sich und sein Bart versteifte sich. Dann griff er zur Trommel und schlug auf ihr so stark herum, dass sie entzwei zu gehen drohte. Schließlich fiel er steif wie ein Speer auf sein Gesicht. Die vor Ort anwesenden Lappen achteten sehr darauf, dass niemand, solange er in der Trance war, sich ihm näherte. Dabei verscheuchten sie auch die Fliegen, damit sie sich nicht auf ihm niederließen. Ich versichere, dass ich bei der gesamten Zeremonie sehend dabei war und dann bemerkte, wie der vom Hexenmeister erbetene Gegenstand durch die Rauchöffnung der Kota herunterfiel. Ich wartete, bis der ganze Zauber vorüber war, um ihn dann zu bitten noch einmal zu zaubern, damit ich eine Viertelstunde lang mit dem

Teufel sprechen könne. Dabei hoffte ich die unterschiedlichsten Dinge klären zu können. Ich hätte gern wissen wollen, ob das Fräulein …… noch unberührt sei, wie es um die Beziehung zwischen Herrn …… und Frau …… stände, ob Herr….. seiner Frau in den drei Jahren, in denen sie zusammenlebten, die Jungfräulichkeit geraubt hätte, ob der Ehemann von Frau ….. der Vater des jüngsten Kindes sei oder nicht. So hätte ich viele Sachen geklärt, die eigentlich nur ein Teufel weiß.

Unser Hexenmeister blieb wie tot gut eine Viertelstunde auf dem Boden liegen. Als er langsam wieder zu Sinnen kam, sah er uns mit stierem Blick einzeln nacheinander an. Uns jeden einzeln abschätzend wendete er sich an mich und sagte, er hätte meinen Wunsch nicht durchsetzen können, weil ich ein größerer und psychisch stärkerer Hexenmeister sei als er selbst. Wenn ich bereit sei, meinem eigenen, meine Seele beherrschenden Geist anzuordnen, dass ihm selbst nichts geschehe, würde er mich dafür belohnen.

Ich war selbst ziemlich überrascht, als ich hörte, ich sei schon sehr lange ohne mein Wissen ein Hexenmeister. Ich machte alles, um dessen Schwung zu besänftigen und befahl meinem eigenen Geist, die Seele des Lappen in Ruhe zu lassen. Aber nichts half. Von unserem Hexenmeister bekamen wir nichts mehr heraus, da es für ihn schwierig war, aus dieser peinlichen Situation herauszukommen. Betrübt verließ er die Kota. Sicherlich wollte er sämtliche Götter und Teufel, die ihm in seiner Not nicht geholfen hatten, ertränken. Danach sind wir ihm nie wieder begegnet.

Am Donnerstagmorgen setzten wir die Reise in Richtung Tornio See fort. Dort wo der Tornio Fluss in den See mündet, ist auf der linken Seite eine kleine Insel, die von jeder Seite von kräftigen Wasserfällen umschlossen wird, die mit unbändiger Kraft und lautem Getöse gegen die Felsen schlagen. Dort befindet sich seit Urzeiten der dem *Seiti* geweihte und bekannte Altar, wohin alle Lappen der Gemeinde von Tornio hinkommen, um Opfer zu erbringen, wenn sie in besonderer Bedrängnis sind. Johannes Tornaeus, den ich schon wiederholt erwähnt habe, beschreibt diesen Ort so:

Eo loco ubi Tornotresch ex se effudit fluvium, in insula quadam in medio cataractae Dara dictae reperiuntur Seytae lapidis specie humana collocati ordine. Primus altitudine viri proceri, post quatuor alii paulo breviores, juxta collacati, omnes quasi pileis quibusdam in capitibus suis ornati, et quoniam res est difficillima periculique plenissima, propter vim cataractae indictam, navigium

„An der Stelle, wo der Fluss in den Tornio See mündet, befindet sich in der Mitte des *Tarra*-Wasserfalles eine Insel, wo in einer Reihe menschenähnelnde Steine stehen. Der Erste hat die Größe eines Mannes, dahinter befinden sich nebeneinander vier etwas kleinere Steine, die alle aussehen, als ob sie eine Kopfbedeckung hätten. Wegen der Stärke des Wasserfalles ist es äußerst gefährlich mit einem Boot zur Insel zu kommen. Die Lappen haben schon seit langer Zeit es aufgegeben, den Ort zu besuchen, so dass man von ihnen nicht mehr erfahren kann, ob man den vergötterten Steinen gedient hat oder wie sie überhaupt zur Insel gekommen sind" (sinngemäß übersetzt).

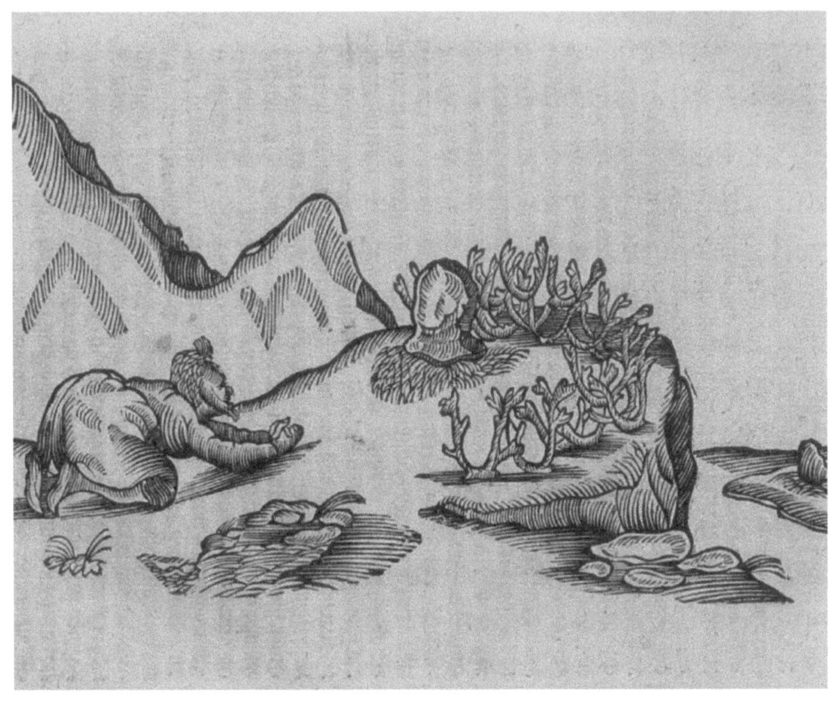

Als wir uns dem Altar näherten, sahen wir als allererstes eine riesige Anhäufung von Rentiergeweihen, erst dahinter fielen uns die Götter auf. Der erste Felsenstein war sehr groß und breit. Eine menschliche Gestalt oder was irgendwie vielleicht daran erinnerte, konnte ich jedoch nicht erkennen. Aber ich kann versichern, dass der Stein hässlich und durch das Einreiben mit Blut und Fett sehr schleimig war. Sein Name war *Seiti* und zu seiner Rechten standen in einer Reihe seine Frau, seine

Kinder und seine Diener. Auch diese Steine hatten keine besonders auffallende andere Form als normalerweise vom Wasser ausgehölte Steine. Sie waren genauso fettig und glitschig wie der erste Stein, nur eben kleiner. Unterhalb all dieser Felssteine, besonders aber unter dem des *Seiti*, lagen frische Birkenzweige und daneben verschiedene Holzstäbe, auf die Buchstaben oder Zeichen graviert waren. Ein Holzstab in der Mitte war wesentlich länger und dicker. Die Lappen behaupteten, der Gott *Seiti* würde diesen auf seinen Wanderungen benutzen. Ein wenig entfernter gab es noch zwei größere Steine, beschmiert mit Fett und Blut. Auch unter diesen waren viele Zweige gelegt. Diese Felsen lagen näher am Fluss. Die Lappen aber berichteten uns, dass diese Götter schon wiederholt ins Wasser geworfen seien, aber angeblich immer wieder von selbst ihren alten Platz eingenommen hätten.

Kurz darauf entdeckte ich etwas, was mit der Beschreibung von Tornaeus nicht zusammenpasste. Erstens erwähnt er, dass die Lappen diesen Ort so gut wie nie mehr beträten, weil man so schwer zu ihm hinkäme und weil sie diesen Ort deshalb umso mehr achteten. Die Lappen selbst behaupteten, der Altar des *Seiti* sei einer der am schwierigsten zu erreichende Ort. Sie brächten ihre Opfer zum Fuße dieser Anhöhe, tauchten dann Steine in das Blut des

Opfers und würden dann diese benetzten Steine in Richtung hoch zur Spitze werfen, wohin sie selbst nicht hinkämen. Jedoch unsere eigenen begleitenden Lappen versicherten, dieser Platz sei nach wie vor gut besucht. Das konnten auch wir allein schon an den frischen Zweigen, teils noch mit grünen Blättern, und dem frischen Blut erkennen, mit dem die Felsen beschmiert waren. Und was die Kopfbedeckung betrifft, von der Tornaeus spricht, so handelt es sich hier um nichts anderes als um auf die Felsen gelegte Steinplatten, die hier massenweise herumliegen. Diese sieht man aber nur bei dem Gott *Seiti* und seiner Frau. Sämtliche anderen Felsen, die deren Kinder und Dienerschaft darstellen sollen, sind längliche, teil spitz zulaufende, aufgeraute Steine mit sehr vielen Löchern. Als Altar dient lediglich ein großer, mit Moos bedeckter Felsen, wie man sie auf der ganzen Insel findet. Nur an dem hier geflossenen Blut und an den Geweihen und Knochen der Rentiere stellt man fest, dass dieser Ort häufiger besucht worden ist.

Obwohl die Lappen krampfhaft versuchten, alles zu erklären und uns darin hindern wollten, dass wir ihre Steine mitnähmen, verkleinerte wir die Familie des Gottes *Seiti* und nahmen jeweils einen seiner Kinder mit. Die Drohungen, Flüche, Anschuldigungen und Voraussagen unserer Begleiter, unsere

Tour würde unglücklich enden, wenn wir ihren Gott erzürnten, entgegneten wir nichts und ließen alles an uns abrutschen. Wenn der Gott selbst nicht so schwer und fettig und glitschig gewesen wäre, hätte ich auch ihn samt seiner Kinder mitgenommen. Bei dem Versuch, ihn anzufassen und anzuheben, scheiterte ich kläglich. Als die Lappen das sahen, war ich für sie ein verlorener Mann. Sie meinten, es würde nicht lange dauern, dass mich der Blitz träfe. Ein Zeichen für den Zorn ihres Gottes sei auch, dass sich das Götzenbild als so schwer erwiesen hätte. Wäre es allerdings leicht für mich gewesen, den Stein anzuheben, dann wäre es ein Zeichen der Einwilligung für die Mitnahme gewesen, wohin auch immer. Auf diese Weise nämlich erfahren die Lappen auch, ob ihr Gott ein Opfer verlangt.

Kapitel Nr. 11

Sofort nachdem wir die Insel wieder verlassen hatten kamen wir zum Tornio See, wo der Fluss seinen Anfang nimmt. Der See selbst ist von Ost nach West etwa fünfzehn Meilen lang, aber nicht sehr breit und von September bis über den Johannistag[23]

---

[23] Der Johannistag, auf Finnisch „juhannus", ist der Mitsommertag oder Tag der Sonnengleiche am 26. Juni und wird von allen Skandinaviern jedes Jahr gefeiert.

vereist. Die Lappen fangen im See unglaubliche Mengen an Fisch. Die Spitzen des umliegenden Gebirges sind so hoch, dass, wenn sie schon aus der Sicht verschwinden und mit ewigem Schnee bedeckt sind, sie aussehen, als ob sie mit den Wolken verschmelzen. Das Gebirge ist völlig baumfrei. Dennoch gibt es dort am See eine Unmenge an Tieren und Vögeln, besonders an *fjaelripor* (Ptarmigänse), die sich dort sehr wohl fühlen wie nirgends woanders.

Wenn die Lappen aus Norwegen zurückkehren, wohin sie Hitze und Mückenschwärme für eine gewisse Zeit verjagen, lassen sie sich um den See herum nieder. Denn hier bewahren sie auch oft ihre Wertgegenstände auf. Für Geld und Wertsachen haben sie statt einer kleinen Geldtruhe nur ein kupfernes Topfgefäß, das sie mit ihren Schätzen füllen. Dann bringen sie dieses an den heimlichsten und verstecktesten Ort, den sie sich nur ausdenken können. Dort graben sie dann ein wirklich tiefes Loch, versenken den Topf in die Tiefe und decken alles sehr sorgfältig mit Gras und Moos ab, damit niemand es bemerkt. Ein Lappe gibt noch nicht einmal seiner eigenen Frau oder seinen Kindern den kleinsten Hinweis. Und so passiert es, dass wegen dieses so heimlichen und sorgfältigen Verstecks

den Kindern immer wieder größere Vermögen verlorengehen, weil der Vater überraschend gestorben
ist und es nicht mehr geschafft hat, sein Versteck
seiner Familie zu verraten (21). Das Verstecken ihrer Reichtümer scheint bei den Lappen wohl ganz
allgemein zu sein, denn sehr oft kommen nicht nur
eine sehr große Anzahl an Reichstalern, sondern
auch reichlich Silber, wie Ringe, Löffel und Trink-
gefäße so zutage. Dem, der später den Schatz auf-
findet, gehört er dann auch, obwohl es ja durchaus
auch möglich wäre, den eigentlichen Eigentümer
ausfindig zu machen.

Wir ruderten entlang des Sees und erreichten
nach etwa drei Meilen einen Gebirgszug, der höher
als bisher alle anderen war. Dort endete dann unsere Reise und wir errichteten dort ein Denkmal.
Wir brauchten über vier Stunden, um auf Wegen,
die vor uns noch kein Sterblicher jemals erkundet
hatte, zur Bergspitze zu kommen. Als wir schließlich oben angekommen waren, eröffnete sich uns
die Aussicht auf ganz Lappland und nach Norden
bis auf das Meer mit der Westgrenze des Nordkaps.
Man kann mit Fug sagen, dass wir die Nordachse
am äußersten Ende der Welt zu spüren vermeinten.
Auch dort, jetzt am richtigen Ort gravierten wir

dort den gleichen Text wie schon vorher ein, auch wenn ihn dort höchsten die Bären lesen werden[24].

Gallia nos genuit, vidit Africa, Gangem Hausimus, Europamque lustravimus omnem, casibus et variis acti terraque marique. Hic tandem stetimus nobis ubi defuit orbis.

Der Fercourt, de Corberon, Regnard.

Anno 1681, die 22. Augusti

Heute kennt die Welt das Gebirge unter dem Namen *Metawara oder finnisch Metavaara*, wie wir es getauft haben. Der Name setzt sich aus dem lateinischen Wort *meta* für Grenze und dem finnischen Wort *wara*, was Berg heißt, also Grenzberg. An diesem Ort hier, den wir wohl niemals überschreiten würden, verweilten wir eine Weile[25].

---

[24] Diesen Stein mit der Gravur sah der französische Reisende Aubry de La Motraye 37 Jahre später und beschrieb den Fundort als Letzter. Er schreibt auch, dass er mehreren alten Lappen dort begegnet sei, die Regnard und seine Freunde noch getroffen hätten. Die Lappen hätten jedoch berichtet, dass die Gruppe vor lauter Bequemlichkeit sich nie mehr als ein paar hundert Schritte weiter vom Flussufer, wo auch immer, entfernt hätten. 1931 schrieb die schwedische Touristenvereinigung einen Geldpreis aus, falls jemand den Stein finden würde. Doch bisher hat sich niemand gemeldet.

[25] Vom nördlichsten Teil des Tornio Sees sind es noch etwa 30 km Luftlinie bis zu den Fjorden bei dem heutigen norwegischen Hafen Narvik, bis zum Nordkap jedoch noch ein Vielfaches. Es ist davon auszugehen, dass Regnard von dem erkletterten Gebirge einen der Fjorde erblickt hat. Heute führt die E 10 Route direkt entlang des Tornio Sees (Torneoträsk). Hier liegt auch der nördlich vom Polarkreis gelegene Abisko Nationalpark, der unverfälscht widerspiegelt, welche Landschaften und Wasserfälle Regnard und seine Freunde gesehen haben könnten.

In der Zeit, in der wir zu Gebirge herauf-und wieder abgestiegen waren, waren die Lappen mit ihren Kumpanen losgezogen, irgendwo einen bewohnten Ort zu finden. Erst nachts gegen ein Uhr kamen sie zurück und berichteten, dass sie auf ihrer gesamten Wanderung nicht einem einzigen Menschen begegnet seien. Diese an sich betrübliche Nachricht entmutigte uns aber keineswegs. Schließlich waren wir bis hier gekommen, um noch entferntere Gegenden zu erkunden. Unter und hinter uns lagen weite Gebiete, bei denen wir schon vorher beschlossen hatten, sie auf unserer Rückwanderung zu erkunden. Wir befürchten nämlich, dass wenn unsere leidenschaftliche Neugier zur Ruhe käme, wir uns nur mit dem in der Nähe Liegenden zufrieden gäben.

Also beschlossen wir den gleichen Rückweg zu nehmen. Als dann am Morgen Westwind blies, setzten wir die Segel. Nach einer Tagesreise begegneten wir erneut diesem kleinen alten Lappen, von dem ich schon berichtet hatte, und der uns versprochen hatte, bei unserer Rückkehr uns zu seiner Wohnstatt zu führen. Er fischte gerade. Aber erst mit Tabak und der Kraft von Alkohol willigte er schließlich ein, uns zu sich mitzunehmen, obwohl er zunächst versuchte, sein früheres Versprechen zu umschiffen und sich angeblich auch nicht mehr daran erinnern wollte. Einer unserer Führer war dessen Schwager und erklärte, wo der Lappe denn wohne. Dieser selbst zog durch den Wald, aber in Begleitung eines unserer Führer, den wir beauftragt hatten, sich nicht von dem Alten zu trennen. Wir selbst hielten uns entlang des Flusses. Erst nach zwei Stunden kamen wir auf der Höhe seiner Kota an. Es sollte noch eine sehr lange Tour werden. Wir gingen an Land, nahmen Tabak und Branntwein mit und folgten unserem Lappen, der uns die ganze Nacht durch tiefen Wald leitete. Er schien, wie wir dann merkten, eigentlich überhaupt nicht so genau zu wissen, wo denn nun sein Schwager eigentlich wohnte. Dieser sollte angeblich woandershin umgezogen sein, wie wir ihn zu verstehen meinten. Manchmal drückte unser Führer sein Ohr auf die Erde, um irgendwas zu hören, dann wieder unter-suchte er sehr genau Tierfährten, ob sie von Wild-tieren oder von Rentieren stammten. Oder aber er kletterte wie eine Katze bis zum Wipfel einer Tanne, um nach Rauch Ausschau zu halten und stieß dabei irrsinnige Laute aus, dass es durch den ganzen Wald schallte. Schließlich hörten wir bei unserem Herumstreifen Hundegebell. Nichts sollte uns mehr erfreuen, als diese Laute, die uns wirklich in dieser Abgeschiedenheit eine Hilfe sein sollten. Wir wendeten uns also in Richtung des gehörten Gebells und begegneten nach geraumer Zeit einer größeren Rentierherde. Schließlich kamen wir mit der Zeit zu der Kate, zu der der alte Lappe selbst gerade angekommen war.

Die Kota in üblicher Bauweise stand mitten im Wald und war ähnlich einer Jurte mit einem dicken, festen Tuch bedeckt. Drum herum wuchs ausreichend Moosflechte zur Ernährung der zwanzigköpfigen Rentierherde, die der einzige Reichtum dieses Menschen war. Aber es gibt auch Lappen, die tausend, ja bis zu eintausendzweihundert Tiere besitzen.

Die Aufgabe der Frauen ist die Betreuung der Tiere, die sie in bestimmten Abständen festbinden und dann melken. Die Frauen zählen ihre Tiere zwei Mal am Tag. Denn sollte auch nur eines fehlen, sucht ein Lappe den ganzen Wald ab, bis er es gefunden hat. Ein verloren gegangenes Rentier kann im Laufe der Zeit sich immer weiter verirren. Ein Lappe folgt notfalls seinen Spuren im Schnee auch über drei Wochen.

Wie schon beschrieben, bewachen die Frauen sehr genau die Rentiere und deren Kälber. Sie haben Tag und Nacht ein Auge auf sie, insbesondere wegen der Wölfe und anderer Raubtiere. Die beste

Methode ist es, ein Rentier vor einem Wolf zu schützen, das Ren an einen Baum zu binden. Denn ein Wolf, ein sehr vorsichtiges und skeptisches Tier mit großer Angst, selbst in die Klemme zu geraten, ist sehr argwöhnisch und denkt, dass neben dem Rentier eine Falle ist, in die er hineingeraten könnte (22). Wölfe sind in dieser Gegend sehr kräftig und völlig grau. Im Winter jedoch wird deren Fell fast weiß. Sie sind die gefährlichsten Tiere für Rentiere. Diese verteidigen sich mit ihren Vorderläufen, wenn sie nicht vorher die Flucht ergreifen können.

Hier lebt auch noch ein hundegroßes, graubraunes Tier, das auf Schwedisch *jaerf*, auf Lateinisch *gulo (Finn. ahma)* oder Vielfraß bezeichnet wird, das sich ebenso blutige Kämpfe mit den Rentieren leistet. Dieses Tier klettert, für andere nicht zu sehen und als potentieller Angreifer für Rentiere nicht zu erkennen, auf die höchsten Wipfel, um das Ren dann zu überraschen. Wenn der Vielfraß ein Wild- oder Rentier unter dem Baum vorbeiziehen sieht, stürzt er sich auf den Rücken des Tieres. Die Hintertatzen bohrt er in den Nacken und Vordertatzen in den hinteren Rückenteil, dann versteift er sich so kräftig, dass die Wirbelsäule des angegriffenen Tieres bricht. Er verbeißt sich mit seinem scharfen Maul in das Opfer und saugt es völlig blutleer. Das Fell dieses Tieres ist ganz besonders fein und schön.

Es wird ebenso wertgeschätzt wie das eines Zobels
(23).

Aber auch bestimmte Vögel führen einen harten
Krieg gegen die Rentiere. Ganz besonders der Adler ist geradezu gierig auf deren Fleisch. In Lappland gibt es kräftige, riesengroße Adler, die mit ihren Krallen leicht ein drei bis vier Monate altes Rentierkalb fassen und zu den hoch auf den Gipfeln hoher Bäumen angelegten Nestern bringen können. Diese Geschichte ist für mich wie für andere kaum glaubhaft. Aber sie stimmt und deshalb haben die Lappen ein ständiges Auge besonders auf ihre Jungtiere. Das haben mir verschiedene Lappen mehrfach berichtet und auch unser französischer Dolmetscher bestätigte mir, dies wiederholt selbst gesehen zu haben. Als einmal ein Adler ein Kalb gestohlen hätte, habe er diesen bis zum Nest verfolgt. Als er dann den Baum daraufhin gefällt hätte, musste er feststellen, dass die Jungadler schon das halbe Kalb verschlungen hatten. Er hätte dann genau das getan, was die Jungadler seinem Kalb angetan hatten. Um es genau zu sagen, er tötete die Jungadler und verzehrte sie selbst. Deren Fleisch soll ganz gut sein, aber dunkel und etwas geschmacklos.

Die Tragezeit eines Rens beträgt neun Monate. Wenn die Lappen das Kalb entwöhnen wollen, stecken sie Tannenzweige in einen dafür gefertigten Maulkorb des Kalbes, damit die Nadeln kräftig stechen können. Wenn das Kalb dann zur Rentierkuh läuft und die Nadeln deren Gesäuge pieken, verstößt die Kuh das Kalb, welches dann anderswo suchen muss.

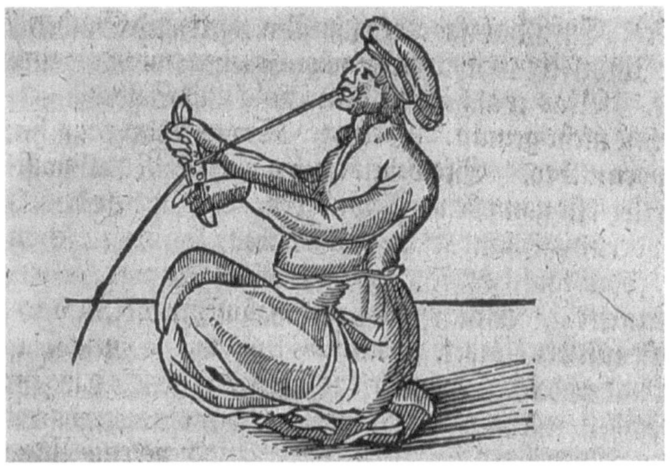

Die Frauen müssen sich nicht nur um die Rentiere kümmern, sondern sie fertigen auch die Kleidung, die Schuhe und Stiefel der Lappen an. Außerdem ziehen sie Zinn, mit dem sie dann bestimmte Bänder umwickeln. Das passiert mit Hilfe der Zähne. Sie haben in der Hand einen Rentierknochen, in dem unterschiedliche Löcher sind. Sie ziehen das Zinn zuerst durch das größte und dann durch das kleinste Loch, bis es wie gewünscht dick und passend genug ist, um das aus dem Rentiergedärm gedrehte Garn zu umwickeln. Dieses Garn wird aus eingeweichten Därmen gefertigt, deren Fasern man entfernt hat. Gezwirnt wird mit ständigem Drehen und wiederholtem Benetzen, wobei alles mit den Zähnen gehalten wird. Eine andere Garnherstellungsmethode ist ihnen unbekannt (24). Auch die für die Anfertigung des Zuggeschirrs der Rentiere sind die Frauen zuständig. Sie werden ebenfalls aus Rentierleder gefertigt. Die Brustzügel sind reichlich mit Zinnfäden geschmückt. An ihnen hängen verschiedenfarbige, feine Stoffscheiben, die unterschiedliche Quasten bilden. In der Mitte befindet sich ein Glöckchen. Es gibt nichts Besseres als dessen Geläute, was die Rentiere mehr zum Laufen anregt.

Wenn ich schon von der Haus-und Handarbeit der Frauen schreibe, muss ich auch gleichzeitig die Arbeit der Männer beschreiben. Aber zuvor muss ich zu allererst feststellen, dass sämtliche Bewohner dieser Region von Natur aus phlegmatisch und faul sind. Nur Hunger und Mangel treibt sie aus ihrer Kota und zwingt sie tätig zu werden. Diese Behauptung könnte ja durch das raue Klima gestützt sein, wenn ich es nicht selbst auch im Sommer erlebt hätte. Aber da sie stets gezwungen sind, sich irgendwie Nahrung zu beschaffen, betrachten sie wohl Jagd und Fischen als ständige Arbeit. Im Winter gehen sie auf Jagd, im Sommer fischen sie und sämtliche dazu notwendigen Gegenstände fertigen sie selbst. Ihr Boot bauen sie aus Tannenbrettern, die sie mit Seilen aus Rentierdärmen zusammenbinden. Sie bauen sie so leicht, dass nur ein einziger Mann das Boot leicht auf seinen Schultern tragen kann. Sie benötigen mehrere Boote, da es viele Wasserfälle gibt, die man nicht nur mit einem Boot überwinden kann. So haben sie oft auf beiden Seiten von Stromschnellen ein Boot liegen. Sie ziehen es ans Ufer und beschweren es mit vier großen Steinen, damit ein eventueller Sturm es nicht mitnehmen kann. Einige nehmen auch Seile, mit denen sie es festbinden. Die Seile werden aus auf den Märkten erworbenem Hanf gebunden. Häufig verstärken sie die Seile mit einer aus schmierigen getrockneten Fischschuppen hergestellten Paste, damit das Seil fester wird und nicht so schnell vergammelt. Aber auch aus ganz frischen Tannenwurzeln werden Seile gedreht, die besonders im Wasser sehr lange und gut halten.

Die Männer stellen auch verschiedene Schlitten her, solche, in denen sie selbst reisen, die sie *pomes* nennen (wie sie es aussprechen), und andere zum Warentransport. Diese heißen *racdakeres* und sind wie ein Sarg zu verschließen. Auch ihre Bogen und Pfeile machen sie selbst. Die Bogen werden aus zwei aufeinander gelegten Holzteilen zusammengefügt. Der untere Teil ist aus Tannen-und der obere aus Birkenholz, die zusammengeklebt und über die gesamte Länge mit frischer, sehr dünner Birkenrinde bedeckt wird, dass nicht zu erkennen ist, was da drunter wirklich ist. Pfeile sind unterschiedlich. Es gibt welche nur aus Holz und einer dicken Spitze. Damit tötet oder, anders gesagt, betäubt man Eichhörner, Hermeline, Marder und andere Tiere, deren Fell man nicht verletzen will (25). Die anderen Pfeile sind wie Harpunen, an deren Ende ein aus Rentierknochen geschnitzte, sehr harte Spitze sitzt. Diese sind sehr dick und schwer. Mit diesen wird auf Vögel geschossen. Wenn der Pfeil den Vogel trifft, bleibt er hängen. Wegen seines Pfeilgewichtes kann der getroffene Vogel nicht mehr wegfliegen, so dass der Jäger nicht erleben muss, wie seine Beute samt Pfeil das Weite sucht. Der dritte Pfeil Typ hat eine Eisenspitze wie eine Lanzette. Damit wird Großwild wie Bären und andere Wildtier erlegt. All die Pfeile trägt der Jäger in einem kleinen Köcher am Gürtel. Die Lappen sind besonders treffsichere Bogenschützen. Sie üben schon als Kind damit umzugehen, so wie viele kriegerische Völker es schon in Vorzeiten getan haben. Sie verweigern nämlich Kindern das Essen, bevor diese nicht ein bestimmtes Ziel getroffen oder an einer hohen Tanne befestigtes Teil abgeschossen haben.

Auch alle Hausgegenstände sind Handwerksarbeiten des Mannes. Die Löffel werden aus Rentierknochen geschnitzt und mit schwarzen Gravuren nach einem bestimmten Muster versehen. Für ihre Tragetaschen machen sie Verschlüsse aus Knochen, sie knüpfen aus kleinen Birkenzweigen oder aus Schilf Körbe und vor allem eine Art von Schneebrettern, mit deren Hilfe sie auf dem verharschten Schnee sich sehr schnell fortbewegen und sie auch die schnellsten Tiere erwischen.

Ganz besonders aber ist die Tatsache, dass Fertigung einer Mahlzeit immer die Aufgabe der Männer ist. Sie bereiten alles zu, was sie bei der Jagd oder beim Fischen bekommen haben. Die Frauen übernehmen diese nur, wenn ihr Ehemann abwesend ist.

Das fiel uns sofort bei unserer Ankunft auf. Der Lappe beginnt mit dem Kochen der frisch am gleichen Tage gefangenen Renken (Finn.*siika*). Dieser

Fisch ist etwas größer als ein Hering und unglaublich viel wohlschmeckender. Nie habe ich einen so gut schmeckenden Fisch gegessen. Wenn er gar war, brachte man ihn auf den Tisch, der aber nur aus einer mit zusammengebundenen Zweigen und auf den Boden gestellten Platte bestand. Die gesamte Familie setzte sich, die Beine überkreuzt nach türkischer Art, drum herum und jeder nahm aus dem Topf seinen Anteil und legte ihn auf seine Kopfbedeckung oder den Schoß seiner Bekleidung (26).

Die Lappen essen sehr gierig und lassen nichts für den nächsten Tag übrig. Ihr Getränk befindet sich im Sommer neben ihnen in einem großen Topf oder im Winter im Kessel über dem Feuer. Jeder schöpft sich mit einer Holzkelle je nach Durst, so viel er möchte. Nach der Mahlzeit schütteln sie sich gegenseitig die Hand als Ausdruck der Freundschaft. Bei armen Lappen gibt es normalerweise nur Fisch. Und wenn der gekocht ist, geben sie in die Fischbrühe noch etwas geriebene Tannenrinde. Die Reichen essen Rentierfleisch. Geschlachtet wird am Sankt Michaelistag (29. September), weil ein Ren dann gut genährt ist. Nichts wird weggeworfen, sogar das Blut bewahrt man in einer Blase auf. Wenn das Blut geronnen oder fest gefroren ist, schneidet man es in Stücke und gibt sie der Fischbrühe hinzu. Das Knochenmark wird für ihr Essen ebenso wie die Zunge besonders gewürdigt. Aber die allergrößte Delikatesse sind für Lappen die Hoden des Rentierbockes. Wenn auch für sie Rentierfleisch besonders wertvoll ist, so gilt aber Bärenfleisch unvergleichlich als das Beste. Das schenken sie auch ebenso wie das Fleisch eines Bibers ihrer Liebsten.

Im Sommer kochen sie einen Brei, den auch ich probierte und anschließend meinte, er würde mir meinen Magen zerreißen. Sie sammeln im Wald kleine, johannisbeergroße, schwarze Beeren, die *crokbergt*, (finn.*variksenmarja*), Rausch-oder Krähenbeeren heißen. Diese vermischen sie mit frischen Fischrogen und zerdrücken alles dann zu einem Brei. Wenn man einen derartigen Brei nicht kennt, reicht allein schon der Anblick aus, dass es einem schlecht wird. Aber die Lappen schwören, dass es eine Delikatesse sei. Nach dem Essen holen die reicheren Lappen quasi als Nachtisch ein kleines Stück Tabak hinter ihrem Ohr weg, was sie in Ermangelung einer besseren Stelle dort getrocknet haben. Zuerst kauen sie darauf herum und saugen dabei sämtliche entstehende Säfte, um den Taback darauf zurück wieder hinter das Ohr zu stecken, damit sich erneut der Geschmack intensiviert. Noch weitere Male kauen sie darauf herum und stecken ihn immer wieder hinters Ohr, bis dessen Geschmack restlos dahin ist. Das hindert sie aber nicht daran, den allerletzten Rest auch noch in der Pfeife aufzurauchen[26]. Es ist schon eigenartig, dass die Lappen ohne Brot zurechtkommen, aber sich sehr nach dem Getreide sehnen, das nur sehr weit weg von ihrem Land wächst.

Wir fragten unseren Lappen nach Allerlei aus, unter anderem, was er seiner Frau bei ihrer Vermählung geschenkt hätte. Er antwortete, dass ihm allein das Werben sehr viel gekostet hätte, zwei Pfund Tabak und fünf Karaffen Schnaps. Dem Schwiegervater hätte er ein Rentierfell gegeben. Aber seine Frau hätte fünf oder sechs Rentiere mit in die Ehe gebracht, die sich in den vierzig Jahren, in denen sie verheiratet seien, um ein Vielfaches vermehrt hätten. Zur Auflockerung unserer Fragerei diente Schnaps, mit dem wir wiederholt mit ihm und seiner Frau anstießen. Doch das geschah so häufig, dass man es sehr schnell beiden anmerkte. Sie begannen sich nach Art der Lappen gegenseitig

---

[26] Die Verwendung des Tabaks ist diesmal tatsächlich wohl Regnards ureigene Beobachtung, wenn sie denn so stimmt, denn diese wird bei Scheffer auf über 400 Seiten nicht ein einziges Mal erwähnt.

zu streicheln und so innig, wie man sich das nur vorstellen kann. Schließlich waren beide so gerührt, dass beide so bitterlich zu weinen begannen, als ob sie all ihre Rentiere verloren hätten. Die Nacht verlief sehr gerührt von beiden Seiten. Und wieder merkten wir etwas, was ich schon früher beschrieben habe, dass die gesamte Familie zusammen auf einem Fell lag. Unter Lappen herrscht ein derartiges Durcheinander. Der Ehemann schläft nie allein mit seiner Frau, selbst nicht in der Hochzeitsnacht. Auch da ist die gesamte Familie mit dabei.

Kapitel Nr. 12

Am folgenden Morgen kauften wir für uns selbst mit zwei Ecù ein Rentier, um es zu schlachten und dann das Fell mit nach Frankreich zu nehmen. Wenn ich auf dem direkten Wege heimgereist wäre, hätte ich auch versucht, ein paar lebende Tiere mit nach Frankreich zu nehmen. Viele hatten das schon vergeblich probiert. Letztes Jahr hatte man vier Tiere nach Danzig transportiert, wo sie aber die ungewohnte Hitze nicht vertrugen und starben[27]. Wir beschlossen aber, das Ren erst dann zu schlachten,

---

[27] Auch Scheffer berichtet, dass man versucht habe, eine kleine Rentierfamilie in südlicheren Gefilden anzusiedeln. Diese aber sei wegen des milderen Klimas und dem Mangel an passender Nahrung eingegangen.

wenn wir wieder bei dem Pastor zurückwären, was leichter und bequemer gewesen wäre. Wir nahmen ein paar Tragebeutel, die beim Lastentragen den Rentierrücken schützen, und Zügel mit und machten uns auf den Weg. Dann überquerten wir den Fluss. Noch am gleichen Tag, einem Samstag, kamen wir bei dem Pfarrer der Lappen an, bei dem wir auch bei unserem Hinweg übernachtet hatten.

Kaum dort angekommen war es die erste Aufgabe, das Ren zu schlachten. Die Lappen nehmen dazu den gleichen Bogen und gleichen Pfeil, mit dem sie Großwild erlegen. Wir bewunderten ihr Geschick, wie sie ihr Ziel trafen, und wunderten uns, in welcher kurzen Zeit trotz der allerkleinsten Wunde das Tier seinen Geist aushauchte. Der Pfeil ging einen halbe Armlänge tief in die Wunde. Dabei hatte ich gedacht, dass die Einschusswunde wesentlich größer sein müsste, um ein so großes Tier so schnell zu töten.

„….Haeret lateri lethalis arundo." - fest sitzt seitlich der tödliche Pfeil[28] -

Wir baten darum, das Tier sehr sorgfältig zu enthäuten. Die Lappen fingen das Blut auf. Zusätzlich gaben wir ihnen die eine Tierhälfte. Man kann sich

---

[28] Der Spruch findet sich in der Aeneis IV von Vergilius

kaum vorstellen, dass zwei einzige Männern es schaffen, ein halbes Ren zu verzehren, alles ohne Brot, Salz oder einem Getränk. Aber es stimmt dennoch, denn unsere Lappen taten zu unserer größten Verwunderung genau das. Wir sahen auch, dass Rentiere keine Gallenblase haben und nur ein dunkler Fleck in der Leber zu erkennen ist (27). Das Fleisch ist ausgezeichnet und erinnert ein wenig an Fleisch unseres Rehwildes, nur dass es geschmacksstärker ist. Die Zunge ist eine Delikatesse. Und die Lappen halten auch das Knochenmarkt für sehr wertvoll. Ein Ren ist um die Zeit um St. Michaelistag (29.September) herum fetter als ein Schwein. Darum schlachten dann die reichen Lappen ihre Rentiere, um so für ausreichende Nahrung bis zum Jahresende vorzusorgen. Sie trocknen das Fleisch im Frost, was ebenso geht wie im Winde. Das Fleisch trocknet so gut aus, dass es sich ausgezeichnet hält. Zur Aufbewahrung nehmen sie eine von der Natur geformte Baumstammhöhle. Diese wird sehr sorgfältig verschlossen, damit Bären nicht auf die Idee kommen, sie auszurauben.

Wir hatten unsere Lappen losgeschickt, einen ein paar Meilen entfernt wohnenden, als Hexenmeister bekannten Lappen zu holen, währenddessen wir für ein paar Tage in der Wohnung des Pfarrers weilten. Unsere Männer waren sofort eifrig dabei, denn wir hatten ihnen versprochen, sie zu bezahlen, wenn sie den Hexenmeister mit sich brächten. Drei Tage später kamen sie mit ihm, nachdem sie ihm schließlich in den Tiefen der Wälder begegnet waren. Wir waren so großzügig, als wenn wir selbst am Teufelsschwanz gehangen hätten, wenn dieser Ausdruck erlaubt ist. Und unsere Zufriedenheit war vollkommen, als der Hexenmeister versprach, uns überraschende Zaubereien zu zeigen. Wir brachen sofort mit ihm auf. Dabei ging es wieder quer durch Wälder, Berge und Sümpfe. Wohin ist ein Mensch nur bereit zu gehen, allein um dem Teufel zu begegnen? Wir marschierten gut zwei Meilen und sahen in dieser Zeit sehr, sehr viele uns unbekannte Vögel, aber besonders Eichhörnchen. In Frankreich nennen wir sie *ècureuil*. Deren rotbraunes Fell wird im Winter durch den Schnee grau. Je nördlicher man sie antrifft, desto grauer sind sie. Im Winter werden sie von den Lappen fleißig bejagt. Die Hunde unserer Lappen waren so gut abgerichtet, dass sie sofort die Eichhörnchen auf den Wipfeln der allerhöchsten Bäume witterten und dies ihrem Herrn durch lautes Bellen auch sofort signalisierten. Wir schossen ein paar mit unseren Gewehren herunter, da die Lappen ihre rundköpfigen Pfeile, mit denen sie großem Geschick treffen, nicht mitgenommen hatten. Wir amüsierten uns zu sehen, wie schnell und geschickt sie die Tiere enthäuteten.

Die Lappen beginnen mit der Eichhörnchen Jagd kurz vor dem St. Michaelistag Da fast alle Lappen aus Passion diese Jagd lieben, sind die Felle sehr billig. Ein Bund von vierzig Leder kostet nur ein Ecu[29]. Aber bei keinem anderen Handelsgeschäft kann man so bemogelt und richtig angeschmiert werden, wie beim Handel mit Eichhörnchen-und Hermelinfellen. Denn die Waren erwirbt man unkontrolliert im Pack. Das Leder ist so gedreht, dass die Fellseite nach unten ist. Ein Unterschied in der Qualität wird nicht gemacht, alles hat den gleichen Preis. Man muss den Packen so nehmen, wie man ihn bekommt, die schlechten wie die sehr schönen Felle, die aber auch nicht mehr kosten.

Von unserem Lappen hörten wir eine abenteuerliche Geschichte, die wir durch Zufall dann mit eigenen Augen sehen sollten. Die Tiere treten nicht immer in gleicher Anzahl auf. Sie wechseln oft die Aufenthaltsplätze. Obwohl sie im Vorjahr vielleicht zu Tausenden anzutreffen waren, begegnet man im folgenden Winter nicht einem einzigen Tier. Wenn

---

[29] Ein Ecú entspricht einem Reichstaler; Von 1641 bis 1794 galt 1 Ecù blanc oder Ecú d`argent entspricht 60 Sou oder 2 Livre. Ein Tagelöhner verdiente etwa 1 Taler pro Tag. (Wikipedia.de)

sie also woanders hinziehen und dabei einen See o-
der einen Fluss oder Bach, die es hier in Lappland
stets und ständig gibt, überqueren wollen, ziehen
sie sich ein Borken- oder Birkenstück ans Ufer. Darauf krallen sie sich fest, heben ihren Schwanz als
Segel und lassen sich mit dem Wind treiben. Wenn
aber Wind und Wellengang zu stark sind und ihre
Fähre umkippt, stürzen sie ins Wasser. Diese
„Schiffbrüchigen" gibt es bis zu drei-bis viertau-
send. Die Lappen, die dann an den Ufern die Über-
bleibsel finden und aufsammeln, werden reich, weil
sie die Felle wie andere handeln, wenn die Tiere
nicht allzu lang schon an den Uferrändern gelegen
haben. Aber diese Segelfahrten vieler Tiere gelin-
gen auch und lassen sie glücklich in den Hafen ein-
laufen, wenn der Wind nicht zu stark weht und die
Wellen nicht zu hoch sind, dass sie diese kleinen
„Boote" schlucken. Das alles klingt nach einem riesigen Schwindel. Aber aus eigener Erfahrung kann
ich mit Fug und Recht sagen, es stimmt so (28).

Nach ewig langer Wanderung kamen wir
schließlich bei der Kota des Lappen an, um die
herum es aber noch viele andere gab. Hier sollten
wir erfahren, was wirklich Lappland und Lappen
heißt. Wir lebten mit ihnen drei volle Tage zusam-

men und machten in dieser Zeit sehr viele Feststellungen über ihre Sitten und lernten sehr viel Dinge kennen, die man nur von ihnen selbst erfahren konnte.

Kaum angekommen wollte unser Hexenmeister sein Versprechen einlösen. Wir dachten hoffnungsvoll, dass wir dies und das, was uns gerade einfiel, von ihm hören könnten, als wir ihn mit seiner Trommel, dem Schlegel und dem Zeiger kommen sahen. Letzteren zog er aus der Brusttasche seines Gewandes, wie bei Lappen üblich. Dann trieb er sich selbst in einen so manischen Zustand, dass er begann, Geister zu sehen. Kein einziger Verhexter hatte bis er derartig getobt wie diesmal unser Hexenmeister. In seiner sich immer steigenden Erregung schlug er sich ohne Schonung immer wieder auf seine Brust. Die blauen Blutergüsse, die sehr bald auf der ganzen Brust zu sehen waren, zeigten, dass es ernst war. Immer wieder schlug er sich mit dem Schlegel ins Gesicht, dass überall das Blut nur so lief. Seine Haare sträubten und die Augen verdrehten sich, sein Antlitz wurde immer bläulicher, mehrfach torkelte er ins Feuer, aber nicht ein einziges Mal konnte er uns irgendetwas mitteilen oder unsere Fragen beantworten. Ich gebe aber auch zu, dass die von uns verlangten Zeichen in Wahrheit äußerst schwer zu erbringen waren, wenn es sich nicht um einen wirklichen Hexenmeister gehandelt hätte. Ich selbst hätte gern aus dem winterlichen Frankreich ein von seinem Geist gebrachtes Beweismittelstück gehabt. Aber das zeigte sich für sämtliche Hexenmeister, mit denen wir es zu tun gehabt hatten, als ein allzu großes Stück, um es zu schlucken. Dieser als Bester bekannter Hexenmeister versicherte uns, dass er mit allen Kräften es versucht hätte, unsere Wünsche zu erfüllen. Sein Geist sei aber nie entfernter gewesen als bis Stockholm. Und nur wenige seiner Zunft würden es vermögen, auch weiter entfernt zu kommen. Der böse Geist verließ ihn langsam, denn der Hexenmeister war schon älter und auch die Zähne begannen langsam, ihm aus dem Mund zu fallen. Das wunderte mich und ich begann, genauer zu hinterfragen. Ich durfte hören, dass es tatsächlich so ist, dass je mehr Zähne im Mund verlorengehen, desto mehr die Macht eines stärkeren Hexenmeisters nachlässt. Von dieser Aussage schloss ich, dass es besser ist, den Mund geschlossen zu halten, wenn man ein guter Hexenmeister sein und nicht unter Druck geraten will.

Als der Geisterbeschwörer merkte, dass wir drängten, versprach er uns noch einmal etwas Überraschendes zu zeigen, aber unter Alkohol. Mit viel Gestikulieren auf verschiedene Arten und unter Ausstoßen unzähliger Beschwörungen griff er zum Branntweingefäß und stierte es immer wieder an. Dennoch konnte er uns nur völlig Normales von sich geben, wofür man nicht unbedingt ein großer Geisterbeschwörer sein musste. Ich kam zu dem überzeugenden Ergebnis, dass in diesen Menschen mehr Aberglaube als Zauberkunst steckt. Sie wollen Geschichten ihrer Vorgänger glauben, die angeblich sehr viel mit Geistern zu tun hatten. Wer weiß, vielleicht hat es in alten Vorzeiten bei ihnen tatsächlich Zauberer gegeben, als die Lappen noch voll in ihrem heidnischen Glauben lebten, aber ist es sehr schwierig, auch nur einen einzigen Beschwörer zu finden, der seine Berufung wirklich gut beherrscht.

Als wir dann feststellen mussten, dass wir von ihm nichts mehr herausholen konnten, ließen wir ihn volllaufen, bis er restlos betrunken war. Ungefähr drei Tage lang konnte er sich an nichts mehr erinnern und wir hatten es leicht, all seine Zauberinstrumente mit uns gehen zu lassen. Wir nahmen die Trommel, den Schlegel und den Zeiger als auch an einer Kupferkette befestigte Ringe und kleine Kupferstücke, auf die irgendwelche Hexenzeichen und Buchstaben eingeritzt waren. Als wir nach drei Tagen gingen, kam er und fragte jeden von uns, ob wir seine Zaubersachen nicht irgendwo gesehen hätten. Wir antworteten ihm, dass er als Geisterbeschwörer sicherlich keinerlei Schwierigkeiten hätte, festzustellen, wer wo diese versteckt hätte.

Wir verließen ihn und gesellten uns zu den Anderen, um uns umzusehen und mehr von ihren Sitten zu erfahren. Zuerst betraten wir eine Kota, in der drei oder vier Frauen waren. Die Erste war völlig nackt ebenso wie ihr kleines Kind, das sie gerade stillte und dessen Wiege frei am Ende der Kota hing. Die Wiege war aus verstärktem Holz gebaut und restlos mit feinem Moos gefüllt, was gleichzeitig als Matratze, Bettbezug und Zudecke diente (wie man als Franzose es bezeichnen würde). Über der Wiege befanden sich zwei kleine, gebogene Weidengerten, auf denen ein jämmerlicher Waschlappen lag. Als die nackte Mutter ihr Kind in dem mit warmem Wasser gefüllten Kessel gewaschen hatte, legte sie ihr Kind zurück in die Wiege. Ihr Hund, dem man es beigebracht hatte, das Kind zu schaukeln, hob beide Vorderläufe auf den Wiegenrand und bewegte die Wiege genauso wie es normalerweise die Mütter tun (29).

Zwischen der Bekleidung einer Frau und eines Mannes gibt es keine großen Unterschiede. Auch die ist aus einer Art Loden, aber der Gürtel ist breiter völlig mit Zinnplättchen bedeckt. Hier besteht auch der Unterschied zu den Männern, deren Gürtel nicht nur schmaler, sondern auch nur mit kleinen Zinnplatten geschmückt ist. Am Gürtel einer Frau hängt eine mit Zinnfäden gezeichnete Scheide, in der ein Stehmesser steckt. Genauso ist auch die Tasche, in der die Frau den Feuerstein und Wertsachen aufbewahrt. Auch Nadeln bewahren sie in einem am Gürtel befestigten, mit Kupferplättchen geschmückten Ledersäckchen auf. Unterhalb all dieser Ausstattung sind als besonderer Schmuck noch Kupferringe, deren Klingeln sie sehr gern mögen (30). Sie glauben, dass dieses Klingeln ihren Liebreiz erhöht.

Wenn ich schon von Liebreiz schreibe, wollen Sie, verehrter Leser, bestimmt in ihrer Neugier wissen, ob es hübsche Lappenfrauen gibt. Diese Frage würde ich so beantworten, dass die Natur es für gut geheißen hat, in diesem hohen Norden, diesen von der Sonne entferntesten Regionen mit ihren Silber- und anderen Metallminen, Schönheiten zur allgemeinen Freude zu erschaffen, die man nur hier so bezeichnen kann. Eines steht jedenfalls fest, dass es sich bei diesen einmaligen Schönen einzig und allein eben um Schönheiten der Lappen handelt, die nirgendwo anders als in Lappland als schön bezeichnet würden. Ganz allgemein gesagt, lässt sich feststellen, dass alle Männer und Frauen Lapplands sehr hässlich sind und an Affen erinnern. Einen passenderen Vergleich gibt es nicht. Ihr Gesicht ist viereckig, die Wangenknochen sehr prominent, das Gesicht selbst sehr flach und der Mund zieht von einem Ohr zum anderen. So sieht, mit ein paar Worten dargelegt, das Bild eines Lappen aus.

Wie schon oben beschrieben, ist ihre Kleidung aus grob gewebtem Stoff, eine Art Loden. Die Kopfbedeckung eines Mannes ist allgemein aus Leder eines Prachttauchers (finn. *kiukka)* oder eines anderen Vogels gefertigt (31). Die Kopfbedeckung einer Frau besteht aus einem Stück Stoff, bei einer reicheren Frau aber aus dem Leder eines Fuchses, Marders oder eines anderen Tieres. Strümpfe kennen die Frauen nicht und im Winter ziehen sie Stiefel aus Rentierfell über ihre Schuhe. Diese sind sowohl für Männer wie für Frauen gleich und bestehen aus einfachem, den Fuß umgreifenden Leder mit einer vorderen Spitze. Die Schuhöffnung ist gerade so groß, dass der Fuß hineinpasst. Oberhalb der Enkel werden sie fünf bis sechs Mal mit einem Wollband umschnürt. Damit das Schuhwerk auch nicht zu groß ist und man mit ihnen bequem gehen kann, wird es mit Heu gefüllt, was in Lappland überall reichlich zu finden ist und vor der Füllung abgekocht wird. Ihre mit hellerem Leder geschmückten und bemalten Handschuhe sind aus Rentierfell. Diese haben wie Fausthandschuhe keine Finger. Besonders schöne Handschuhe sind aus dem Leder des Prachtvogels gefertigt. Die Frauen besitzen einen eigenartigen Schmuck, dessen Name *kraca* lautet. Es ist ein rotes oder auch anders farbiges, großes Stoffstück, das wie bei den Jesuiten um den Hals getragen wird und zur Brust spitz zuläuft. Auf diesem Halstuch zeigen sie ihren wertvollsten Schmuck. Der Halsteil ist voller Zinnplättchen und auf dem Brustteil sind besonders wertvolle Stücke. Die Reichen nehmen die schönsten Silberknöpfe-und Platten, die Armen sind stattdessen mit Kupfer und Zinn zufrieden (32).

Wir fragten die Leute nochmals nach diesem und jenem aus, was wir schon von anderen gehört hatten. Sie bestätigten uns alles. Die Einzelheiten, die ich noch von ihnen erfahren habe, habe ich bei meinen früheren Beschreibungen, die ich schon gegeben habe, mit einfließen lassen. Von ihnen aber wollte ich auch alles über sämtliche in Lappland lebenden vierbeinigen Tiere erfahren, was ich nun genauerer beschreiben möchte.

Zuerst begannen sie zu erzählen, dass es in ihrer Region immer wieder rasende Stürme gäbe, die alles mitreißen, auf was sie treffen. Selbst die festesten Bauten könnten diesen Stürmen nicht widerstehen. Die auf den Berghängen weidenden Rentierherden würden so weit abgetrieben, dass sie wie verschwunden sind und man sie nicht mehr hört oder sieht. Diese fürchterlichen, von den Küsten Norwegens blasenden Stürme würden im Sommer derartige Sandwolken vor sich hertreiben, dass man nicht weiter als zwei Schritte sehen könnte. Im Winter würden starke Schneefälle nicht nur ihre Wohnstätten, sondern auch ihre Herden unter sich begraben. Sollte ein Lappe in einen derartigen Sturm geraten, würde nichts anderes helfen, als sich zum Schutz unter seinen umgedrehten Schlitten zu legen und dort zu verharren, bis sich der Sturm gelegt hätte. Andere wiederum nähmen all das, was man schnell greifen und transportieren kann, und suchten in Höhlen Schutz, bis alles vorbei sei. Aber das könne bis zu zwei Wochen dauern.

Von allen Tieren Lapplands ist das Rentier, das ich schon mehrfach beschrieben habe, das Häufigste. Die Natur hat wie eine Mutter diese kälteste Region des Nordens mit einer großen Anzahl dieser

Tiere beglückt, mit deren Fellen sich die dort lebenden Menschen in den nie enden wollenden Wintern schützen können. Bären und Wölfe, deren Felle man wegen ihrer Wärme sehr schätzt, stehen ebenso an erster Stelle. Bären sind im Norden sehr häufig. Die Lappen sehen in ihnen die Könige der Tierwelt. Fast alle Bären sind braun, aber auch auf weiße trifft man sehr häufig. Kein anderes Tier wird von den Lappen wegen seines Fells und seines Fleisches so verfolgt wie der Bär. Bärenfleisch hält man für das allerbeste. Ich habe selbst es wiederholt verzehrt. Für mich hatte es kaum Geschmack. Die Jagd auf Bären ist für Lappen die feierlichste Angelegenheit sämtlicher ihrer Vorhaben. Das Erlegen eines Bärs bedeutet für sie von allen anderen Handlungen die königlichste. Sichtbar tragen sie ihren Stolz: An den Bändern an den Kopfbedeckungen eines Lappen kann man leicht erkennen, wie viele Bären er in seinem Leben schon erlegt hat.

Wer einen Bären gesichtet hat, teilt es sofort seinen Leuten mit. Derjenige von ihnen, den sie für den größten Beschwörer halten, schlägt die Trommel, um zu erfahren, ob die Jagd gelingt und von welcher Seite der Angriff auf den Bären erfolgen soll. Nach dieser Zeremonie macht man sich auf in Richtung Bär. Der den Bären gesichtet hat, geht führend voran bis man zum Bärenlager kommt. Sie überraschen den Bären so plötzlich wie nur möglich und töten ihn mit Pfeilen und Bogen, Speeren, Stangen und auch dem Gewehr. Während sie den Bären angreifen singen sie alle: *Kihelis pourra Kihelis iiscada soubi jaella jeitti.* Sie danken dem Bären, dass er sie nicht angegriffen und keine ihrer Speere oder andere Waffen zerstört hat, die gegen ihn gerichtet waren. Den getöteten Bären heben sie auf einen Schlitten und ziehen ihn dann zur Kota (32). Das Rentier, das den Schlitten dabei gezogen hat, wird das ganze Jahr über nicht mehr vorgespannt.

Um das Bärenfleisch zu kochen, errichten sie extra eine besondere Kota, die nur zu diesem Zweck benutzt wird. Alle an der Jagd Beteiligten mit ihren Frauen sammeln sich und beginnen Freud-und Dankeslieder auch auf den Bären zu singen, dass alles ohne Schaden abgelaufen ist. Wenn das Fleisch gar ist, wird es unter den Männern und Frauen aufgeteilt. Deren Kinder dürfen nie Fleisch vom vorderen Teil des Bären essen, nur vom hinteren. So vergeht ein ganzer Tag voller Freude. Ich muss erwähnen, dass die Teilnehmer dieser Bärenjagd sich von ihrer Ehefrau drei Tage lang fernhalten und sich erst nach dieser Zeit auf das Gründlichste waschen müssen. Ich habe nicht erwähnt, dass man den erlegten Bären nicht durch die Tür der Kota transportiert, sondern er vorher zerlegt wird und dann die einzelnen Teile durch den Rauchfang hinein geworfen werden, so als ob der Bär als Bote des Himmels dorthin gekommen sei. Im Leben eines Lappen ist es besonders ehrenvoll, dass man an einer Bärenjagd überhaupt beteiligt war. Damit brüstet der Lappe sich dann sein ganzes Leben lang.

Wölfe sind fast immer hellgrau, aber es gibt auch weiße. Sie sind die größten Feinde der Rentiere, die sich allgemein durch Flucht retten. Werden sie aber überrascht, verteidigen sie sich mit ihren kräftigen Läufen und ihrem Geweih, falls dieses ausreichend hart für einen Schlag ist. Denn Rentiere wechseln ihr Geweih jedes Jahr[30] . Wenn dieses nun gerade gewechselt ist, kann es dies nicht zur Verteidigung einsetzten. Um einen Angriff eines Wolfes zu verhindern, binden sie das Rentier an die Bäume, womit sie im Allgemeinen einen Angriff vermeiden. Ein Wolf ist nämlich sehr skeptisch und befürchtet, dass durch das Ren angelockt er in eine Falle geraten könnte, wie schon berichtet. Wolfsfell wird gut bezahlt. Es schützt nämlich besser als alles andere vor Kälte. Und deshalb haben hier viele Menschen,

---

[30] Männliche Rentiere stoßen ihr Geweih im Herbst und weibliche im Frühjahr ab.

besonders häufig einflussreiche schwedische Herrschaften, sehr oft eine mit Wolfsfell gefütterte Bekleidung.

Füchse gib es jede Menge in ganz Lappland. Meistens sind sie weiß, aber man sieht auch normal farbige. Weiße werden weniger geschätzt. Andersherum kann man aber auch einen schwarzen Fuchs antreffen, die wesentlich seltener und dementsprechend teurer sind. Deren Fell kann sogar vierzig bis fünfzig Ecu kosten. Das Fell hat sehr feine und sehr lange Haare, die sich in alle Richtungen legen. Wenn man die Schwanzregion streicht, legen sie sich in Richtung Ohren. Die Moskauer Fürsten und wichtigen Männer sind geradezu vernarrt in diese Felle, die nach dem Zobel zu den wertvollsten gerechnet werden (34).

Weil das Wort Zobel fiel, muss ich auch erzählen, was ich davon weiß. Wir Franzosen nennen ihn *zébelin*, woanders heißt er *zabel*. Das Tier ist etwa so groß wie ein Steinmarder, vielleicht auch kleiner. Aber die Fellhaare sind sehr viel länger und feiner. Echte Zobel schimmern schwärzlich. Sie werden bei Moskau und im Tartaren Land gejagt. In Lappland gibt es sie sehr selten. Aber je dunkler das Fellkleid ist, desto mehr wird dafür verlangt. Man zahlt dafür sogar bis zu sechzig Ecu, obwohl es nicht größer als vier Daumenbreiten ist. Auch weiße und graue Zobel hat man gefunden. Der Großfürst von Russland hat dem König von Schweden solche Felle als teuerstes Geschenk durch seine Diplomaten überreichen lassen.

Ein Marder ähnelt einem Zobel mehr als jedes andere Tier. Dessen Fell ist fast ebenso fein und lang, aber er ist im Vergleich zum Zobel sehr viel größer. Ich habe welche gesehen, die waren so groß wie eine Katze. In Einöden kommen sie häufiger vor als in Lappland. Das Fell kostet einen Reichstaler. Ein Marder mit aschgrauem Halsteil ist wertvoller als mit einem weißen. Das Tier trachtet besonders nach Eichhörnchen und jagt sie massenhaft. Im schnellen Lauf bekommt er sie schnell zu fassen. Aber nicht nur allein Eichhörnchen, auch Vögel gehören zu seiner Speisekarte. Er schleicht sich auf Baumwipfel und wartet bis die Vögel eingeschlafen sind, um sich dann auf sie zu stürzen und sie zu verschlingen. Falls der Vogel kräftig genug ist, um aufzufliegen, steigt er mit dem Marder auf dem Rücken auf. Ein Marder besitzt unvergleichlich feste und scharfe Krallen, mit denen er sich in den fliegenden Vogelrücken regelrecht reinhakt und schüttelt, bis der Vogel tot zur Erde fällt. Das kann dann ebenso auch für den Marder tödlich sein. Denn wenn der Vogel hoch in die Lüfte aufgestiegen ist, kann auch der Marder auf einen Fels aufschlagen und erschlagen werden. Das Schicksal ist also keineswegs besser als das des betroffenen Vogels.

An anderer Stelle habe ich schon von einem Tier berichtet, dessen Name auf Schwedisch *jaerf* und auf Latein *gulo* lautet, eine große, marderartige Vielfraß Art, das die Wirbelsäule eines Rens knackt. Das Tier ist so groß wie ein Hund und dunkelbraun. Dessen Fell ist mit dem eines Zobels gut vergleichbar und ebenso wertvoll.

Wegen des Fischreichtums Lapplands gibt es auch sehr viele Biber, der im Schwedischen *baver* genannt wird. Sie fühlen sich dort sehr wohl und können dort ungestört leben. Sie kommen aber mehr in der Region von Kemi und in Russland vor. Von den Hoden eines Bibers stellt man Heilmittel für viele Krankheiten her. Alle versichern, dass man, wenn man jeden Morgen diese Arznei einnimmt, man den allerbesten Schutz vor einer Seuche hat. Sie schützt grundsätzlich vor Infektionen. Aus den Hoden kann man sehr wirksame Arzneien herstellen. Der Kirchenvater von Piitimen (schwed. Pitha) schenkte mir in Tornio die Hälfte eines Biberhodens und versicherte mir, dass er nur diese sehr gute Arznei bei Bedarf einnähme. Dabei war er in punkto Medikamente sehr erfahren. Außerdem berichtete er mir, dass er aus dem Schwanz eines Bibers eine ganz besonders wirksame Salbe herstelle.

In Lappland gibt es ausgesprochen viele Hermeline, auf Schwedisch *lekat*. Das Tier ist etwas so groß wie eine Ratte, aber um die Hälfte länger. Dessen Farbe bleibt nicht immer gleich. Die rötliche Farbe im Sommer wird im Winter weiß, so wie wir es kennen. Sein Schwanz ist genauso lang wie sein Körper. Hier ist aber auch ein dunkler Fleck. Es findet sich wohl kein Tier, dass gleichzeitig sowohl weißer als auch schwärzer ist. Ein Hermelinfell kostet vier bis fünf Sou. Dessen Fleisch ist alles andere als gut schmeckend. Selbst frisst es Eichhörnchen und Zobel.

Das letzte, kleine Tier ist anderswo völlig unbekannt. Ja, es ist ein ganz besonderes Tier, wie man sehen wird. Manchmal kommt es so häufig vor, dass es fast das ganze Land bedeckt. Die Lappen nennen sie *lemmucat*. (Lemminge) Sie sind so groß wie eine Ratte und braun, manchmal schwärzlich. Da man Lemminge besonders nach einem starken Regen antrifft, könnte man denken, sie seien vom Himmel gefallen (35). Sie flüchten keineswegs vor Menschen, im Gegenteil, sie werden nur wilder und quieken laut. Wenn ein Wanderer sie mit einem

Stock oder sonst irgendwie verscheuchen will, gehen sie darauf zu und verbeißen sich fest mit ihren Zähnen in den Stock wie kleine, wütende Kläffer. Furchtlos kämpfen sie mit Hunden, springen auf deren Rücken und beißen zu. Dem Hund bleibt nichts anderes übrig, als sich auf den Rücken zu wälzen, um die Biester loszuwerden.

Es wird erzählt, dass sie so angriffslustig seien, dass sie auch gegeneinander kämpfen. Beide Armeen stellen sich auf einer Wiese auf, die sie als Kampfplatz ausgesucht haben, und beginnen einen grimmigen Kampf. Wenn die Menschen in Lappland sehen, wie sich die kleinen Tiere gegenseitig bekämpfen, sind sie fest der Meinung, irgendwo herrscht noch ein weit blutigerer Krieg, dass Schweden gegen seine ärgsten Feinde die Dänen und die Moskowiter seine langen Waffen ausgegraben hat. Die Feindseligkeiten der Tiere, die ihnen auch große Verluste einbringen, haben auch viele andere Feinde auf den Plan gebracht. Die Rentiere fressen alle Lemminge, wenn sie die nur zu fassen kriegen. Auch für die Hunde sind sie eine Delikatesse, aber nicht das Hinterteil. Füchse füllen mit Lemmingen für schlechtere Zeiten ihre Höhlen. Das alles senkt das Einkommen der Lappen. Sämtliche Tiere, einschließlich der Marder, fressen Lemminge. Aber das Eigenartigste ist daran, dass die Lemminge ihre letzte Stunde oder ihre Vernichtung erahnen, dass sie den Winter nicht mehr überstehen. Man kann sie manchmal geradezu in Mengen, aufgehängt an den Wipfeln, aber auch den kleinen Verzweigungen der Äste, sehen. Andere wiederum, die diese Todesart nicht schätzen, stürzen sich in die Seen. In den Mägen der großen Hechte findet man immer wieder Lemminge. Und die, die zum Suizid nicht bereit sind, warten in aller Ruhe auf ihr Schicksal, auf die zerstörenden Regengüsse, die sie einst hervorgebracht haben.

Auch Hasen werden viel bejagt. Allgemein sind sie weiß, nur in den zwei wärmeren Monaten braun.

In Lappland gibt es ebenso viele Vögel wie vierbeinige Lebewesen. Den Adler, König der Vögel, gibt es in großen Mengen. Sie sind, wie schon erwähnt, so groß und stark, dass sie ein Rentierkalb bis in ihr Nest auf den Wipfeln der höchsten Bäume transportieren können. Aus diesem Grund muss immer jemand die neugeborenen Kälber hüten.

Nirgends anderswo auf der Welt gibt es so viele Enten, Sterntaucher (finn. *kaakureita*), Schwäne, Wildgänse und andere Wasservögel wie hier. Sie sind an den Ufern so reichlich, dass man sie sehr leicht einfach mit einem Stock oder einer Stange töten könnte. Ich wüsste nicht, wie wir während unserer Reise ohne diese Vögel überhaupt überlebt hätten, die unsere tägliche Nahrung waren. Tatsächlich töteten wir im Laufe unserer Reise nebenbei so bis zu dreißig oder vierzig täglich, manchmal auch überhaupt nicht, ohne deshalb bei unserer Reise pausieren zu müssen.

Sämtliche Vögel sind Zugvögel. Über Winter ziehen sie in wärmere Länder, deren Flüsse nicht vereist sind. Ende Mai kommen sie hierher zurück, um sich mit ihren Eiern zu vermehren. Sie sind dann in so zahlreichen Mengen, dass die Einöden restlos bedeckt sind. Die Lappen fangen die Vögel mit Fallen. Aus gegerbten Schwanenleder machen sie Mützen, andere verzehren sie. Einer der schönsten Vögel ist der Prachttaucher *Loom* (finn. *kuikka*), aus dem sie die allerschönste Kopfbedeckung fertigen.

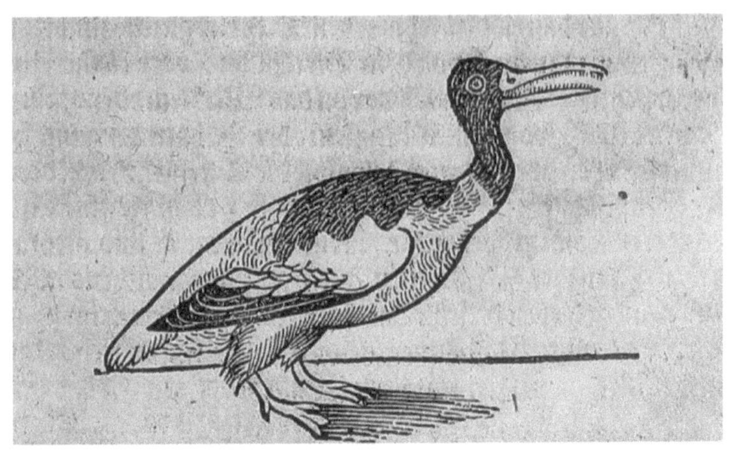

Dieser etwa gänsegroße Vogel hat ein blaurotes, weiß glänzendes, besonders gesprenkeltes Federkleid. Bei seiner manchmal zu eifrigen Beutejagd und dem Tauchen nach einem Fisch verhakt er sich häufiger in den Fischnetzen der Lappen. Auch die Spitzen der schöneren Fausthandschuhe werden öfters mit den Federn des Prachtvogels geschmückt.

Birkhühner (finn. *teeri*) und Wachteln (finn. *pyy*) gibt es jede Menge. Aber zu all diesen Arten gibt es eine Vogelart, die ich niemals gesehen habe.

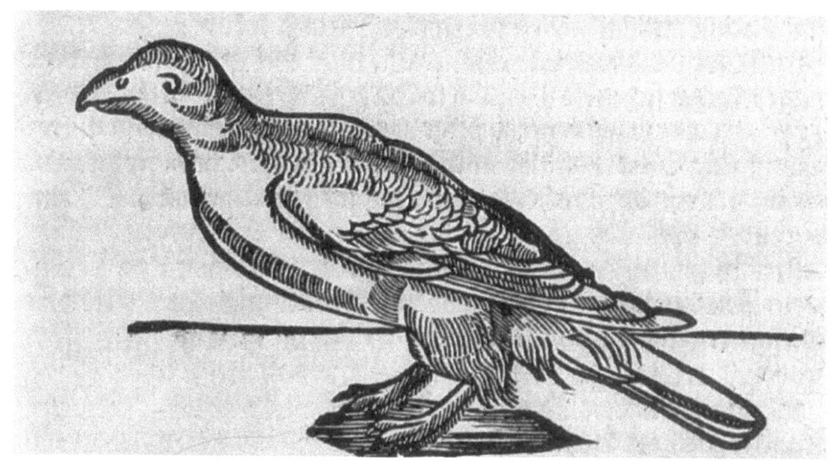

Hier heißen diese Vögel *snyeuripor*, auf Griechisch *lagopos*. Die Federn Vogels, der etwa so groß wie ein Huhn ist, haben die gleiche Farbe wie bei den Fasanen, aber im Winter werden sie weiß wie bei all den Tieren dieser Gegend. Die Natur in ihrer Großartigkeit macht das Federkleid weiß wie Schnee, damit die Jäger sie nicht bemerken. Wären sie andersfarbig als das gesamte, völlig schneebedeckte Land, würde man sie schnell erkennen. In einem anderen Zusammenhang habe ich die Vögel schon beschrieben. Deren Fleisch ist besser als das des Rebhuhns (finn. *peltopyy*) und dessen Ruf zeigt an, dass es sehr bald schneien wird. Das kann man auch daraus schließen, dass dessen Name übersetzt

Schneehuhn (finn. *riekko*) heißt. Die Lappen errichten wegen dieser Vögel auf dem Schnee eine kleine Umzäunung mit einer kleinen Öffnung als Zugang für den Vogel und gleichzeitige Falle.

Es ist geradezu unglaublich, wieviel Fisch es in Lappland gibt (36). Das Land ist überall durchquert von Bächen, Flüssen und Seen, die alle so voller Fische sind, dass ein einziger Mann allein in einer halben Stunde nur mit der Angel so viel Fisch fangen kann, wie er nur tragen kann. Es ist aber auch die einzige Nahrung der Lappen, die Anderes, auch Brot nicht kennen. Sie fischen nicht nur für den Eigenbedarf, sondern auch ihr Handel beruht auf der Fischerei. Alles, was sie benötigen, bezahlen sie mit Fisch oder Fellen. Deshalb bedeutet Fischen für sie eine ständige Beschäftigung. So sorgen sie für ihre Nahrung oder aber etwas mehr Annehmlichkeit, die es auch in diesem Lande einmal gibt. Andere Möglichkeiten gibt es nicht. Reiche fischen allerdings nie. Das machen was für sie die Armen, denen sie im Tauschgeschäft Tabak, Branntwein, Eisen und andere Waren geben.

Ohne nun alle Fische der Gegend zu katalogisieren, muss ich aber den Lachs erwähnen, den es nirgendwo so unwahrscheinlich reichlich gibt (37). Die

Lachse beginnen schon im Mai die Flüsse hochzusteigen. Dann sind sie besonders fett und sehr viel besser als bei ihrer Rückkehr im September. Allein im Tornio Fluss kann man in manchen Jahren sogar bis zu dreitausend Tonnen fangen, die dann nach Stockholm und an die Anwohner der Küsten der Ostsee und der bottnischen Bucht gebracht werden. Ebenso viel wie Lachse gibt es Hechte, die getrocknet und dann in riesigen Mengen weiterverkauft werden. Woanders habe ich schon geschildert, wie die Lappen nachts mit ihren Booten und brennendem Feuer die Fische fangen. Ebenso gibt es reichlich auch viele andere, kleinere Lachsarten. Einer von diesen, auch *siel* (*finn. siika*), Renke oder Maräne genannt, war mir völlig unbekannt. Er ist etwa gut so groß wie ein Hering, ist aber geschmacklich eine absolute Delikatesse (38).

Kapitel Nr. 14

Nachdem wir mehrere Tage im Kreise der Lappen verbracht hatten und all unsere Fragen an sie beantwortet waren, setzten wir unsere Reise fort und kamen schließlich beim Pfarrhaus an. Noch am gleichen Tag, es war Mittwoch der 27. August 1681, verließen wir es wieder und schafften es zur

Nacht bis Coktuanda, wo Lappland endet und Ostbottnien beginnt. Lieber Leser, sie wundern sich sicherlich, dass ich so viel über die Lappen berichtet habe und so wenig über das Land selbst. Ich verstehe nicht, wie das passieren konnte. Ich bin hier jetzt mit meinem Bericht da angekommen, wo ich eigentlich ursprünglich hätte anfangen sollen. Jedoch besser jetzt noch als niemals. Bevor ich dieses Land verlasse, berichte ich ihnen, was ich davon weiß.

Es ist unmöglich zu sagen, mit welchem Namen die Geografen der Antike dieses Gebiet bezeichneten, da es damals unbekannt war. Die entfernteste dem Tacitus und Ptolemäus bekannte Region war Scricfinnia, das wir heute Bottnien oder Brami nennen, das bis an die bottnische Bucht heranreicht. Heute weiß man jedoch so viel über Lappland, das man es in einen östlichen und einen westlichen Teil aufteilen kann. Letzterer geht im Westen in Richtung Island und gehört zum Königreich Dänemark. Ersterer wird im Osten durch das Vienameer mit dem zum Großfürsten von Moskau zählenden Hafen *Arkangeli*[31] (schwed. Archangelsk) begrenzt.

---

[31] Der Hafen liegt an der Mündung der Dwina in das Weiße Meer und war vor der Eröffnung des Hafens von St. Petersburg der einzige Meereszugang für Russland. In der Nähe gründeten Mönche aus Nowrogod im 12. Jahrhundert. ein Kloster.(Wikipedia.de)

Dazwischen liegt noch ein dritter Teil, der zwischen den beiden erst genannten liegt und um ein Vielfaches größer ist als die beiden Erstgenannten zusammen. Dieser gehört zur schwedischen Krone und wird in fünf Verwaltungsregionen aufgeteilt, die zusammen auch Lappland genannt werden. Es ist Uumaja, Piitimen, Luulaja, Tornio ja Kemi (38). Alle haben ihre Namen von den sie durchfließenden Flüssen bekommen. Diese Flüsse haben aber auch den Städten, an denen sie vorbeifließen den Namen gegeben, wenn man nur ein paar wenige Holzhäuser überhaupt als Stadt bezeichnen will.

Der Verwaltungsbezirk Tornio liegt direkt an der Bucht des Bottnischen Meeres. Er erstreckt sich in Richtung Polarkreis und ist die nördlichste Gemeinde der Welt. Der schwedische König Karl IX. wollte Genaueres über sein Herrschaftsgebiet und dessen Ausdehnung wissen und entsendete im Jahr 1600 zu verschiedenen Zeiten die berühmten schwedischen Mathematiker Aron Forsius [32] und den Deutschen Hieronymus Birckholz auf Expedition. Gut ausgerüstet mit allem Notwendigen und

---

[32] Sigfridus Aronius Forsius, (um 1560 Helsingfors-1624 Borga/Finland), Universalgelehrter und Priester, erforschte zusammen mit Daniel Theodor Hjort und Hieronymus Birkholtz im Auftrag der schwed. Krone Lappland. Forsius gab 1611 eine Karte Lapplands heraus, die auch bei Scheffer zu finden ist.

allen Instrumenten verlief die Reise zufriedenstellend. Zurückgekehrt teilten sie mit, dass sie jenseits des 73. Breitengrades kein Festland gefunden hätten. Unter ewigem Eis sei der äußerste Punkt des Ozeans *Nuchus* oder Nordkap, in dessen Nähe die zu Dänemark gehörende Burg Wardhus läge. Genau bis zu diesem Ziel führte uns unsere Expedition bis in die Nähe der Quelle des strömenden Flusses[33].

Am nächsten Tag kamen wir an einen Ort namens *Jacomus Mastung* (Finn. *Junosvannon Masuuni*). Der war nicht viel weiter entfernt als knapp eine Meile von unserem Übernachtungsort der Vornacht. Aber zu Fuß fühlte es sich wie eineinhalb Meilen an. Die Mühe jedoch machte sich bezahlt. Hier gab es eine bekannte Eisenerzmine, die aber wegen der riesigen Entfernungen inzwischen quasi aufgegeben war. Wir gingen dorthin, um die Orte auszukundschaften. Aber obwohl wir nichts Besonderes erkennen konnten, hatten wir mehr Glück als erwartet. Bei der Grube angekommen baten wir darum, für uns ein paar sehr schöne magnetische

---

[33] Öhman, der Herausgeber "Resa i Lappland", schreibt im Anhang dazu, dass Regnard mit seinem minimalen geografischem Wissen Lapplands sich auf diese o.g. höchst ungenaue Karte beruft.

Steine zu schlagen. Wir bewunderten dessen erstaunliche Kraft, die in dem Stein steckt, solange er an seinem ursprünglichen Platz ist. Unglaubliche Kräfte mussten aufgebracht werden, um ein wunschgemäß großes Stück herauszuschlagen. Dazu benutzt man einen beindicken Schlaghammer. Wenn dieser auf den Stein trifft, kann es passieren, dass er derartig kräftig angezogen wird, dass der Hammerschläger mit eigener Kraft den Hammer nicht lösen kann. Ich wollte es selber wissen und griff zur eisernen Zange, mit der man sonst schwere Sachen bewegt. Es war für mich richtige Arbeit, die Zange überhaupt zu halten. Als ich dann in die Nähe der Erzsträhne kam, wurde ich mit aller Macht gezogen, dass ich sie mit aller Kraft festhalten musste. Als ich meinen Kompass in die Mitte des Steinbruchs richtete, drehte sich die Kompassnadel mit unheimlicher Geschwindigkeit. Wir nahmen die besten Steine mit und blieben dort nicht länger.

Zurück zu unserem Boot gekommen ging es zur Nacht nach *Tuna Hianda* (Finn. *Junosuvanto*) , wo einer unserer Ruderer herstammte. Er zeigte uns seine Steuerbefreiungsurkunde, die er vom schwedischen König als Preis für den Fund dieser Eisenerzmine erhalten hatte. Er selbst hieß Lars Larszon oder Laurentius (40).

Am nächsten Tag, am Sonntag, kamen wir eine gute Strecke voran und erreichten am Abend in *Koenges* (finn. *Kengis*), wo wir auf unserem Hinweg schon für einen Tag Station gemacht hatten. Dort kauften wir ein paar Schlitten mit vollständigem Zuggeschirr für Rentiere. Pro Stück zahlten wir einen Dukaten. Aber unsere Reise konnten wir erst am Montagmittag fortsetzen, weil wir auf die Boote warten mussten, die man erst von weitab holen musste. Außerdem mussten wir zu Fuß an den in dieser Gegend besonders reißenden Wasserfällen vorbei. Die Nacht dann verbrachten wir in *Pello*. Als wir dort ankamen, sahen wir, wie die Lappen Hechte fingen, was schon, wie schon beschrieben, eigenartig anzusehen ist. Die häufig Unglück bringende Natur findet aber auch Wege zur Verbesserung des Lebens. Diesen Menschen hat sie zwar Getreideernten versagt, gibt ihnen aber wie in keiner anderen Region reichliche Mengen an Fisch.

Der folgende Tag schreibt sich erster September. Wir übernachteten wieder bei dem Deutsch gebürtigen Steuerbeamten. Danach kamen wir wieder in Tornio an. Auf unserer Reise hatten wir über vierzig Wasserfälle gezählt, deren Wasser mit unbändiger Kraft tosend herunter stürzten. Einige von ihnen hatten eine Ausdehnung von rund einer Meile. Es gibt einfach keinen schöneren Anblick,

als zu sehen, wie die Wassermassen in unglaublicher Geschwindigkeit in nicht einmal einer Stunde
über drei bis vier schwedische Meilen sich ihren
Weg bahnen, was zweieinhalb französischen entspricht. Je stärker so diese Stromschnellen sind,
desto kräftiger muss man rudern, damit sich das
Boot in den Wellen hält. Mit der Strömung und
kräftigen Ruderschlägen der Männer konnten wir
in kurzer Zeit lange Strecken bewältigen.

Kapitel Nr. 15

Am Dienstag kamen wir in Tornio gerade recht-
zeitig an, um die Vorbereitungen zur Beerdigung
des von mir anfangs erwähnten Johannes Tornaeus
mitzubekommen. Er war zwei Monate zuvor gestorben. In Schweden ist es allgemeine Sitte, den
Leichnam sehr lange aufzubewahren[34].Die Aufbe-
wahrungszeit hängt von der gesellschaftlichen Stel-
lung des Verstorbenen ab. Je höher dessen Ansehen, desto länger wartet man mit der Bestattung.
Während dieser Zeit wird alles für dieses Ereignis
vorbereitet, das von sämtlichen Feierlichkeiten das
würdigste ist.

---

[34] Noch heute fast 400 Jahre später ist es in Finnland üblich, mehrere Wochen
mit der Bestattung zu warten, bis der Leichnam „erkaltet" ist.

Wenn davon die Rede ist, dass Türken ihre Vermögen in eine Hochzeit verplempern, die Juden in die Beschneidung und die Christen in Rechtsstreitigkeiten, kann hier hinzufügen: Und die Schweden in Bestattungen. Ich war wirklich höchst überrascht, dass in diesem barbarischen Land, fernab vom Rest der Welt, so viel wegen eines solchen Mannes so viel investiert wurde, der noch nicht einmal besonders bedeutend gewesen war.

Kaum hatte man von unserer Ankunft schon gehört, bereitete sich der Schwiegersohn auf eine Rede in Latein vor, die er dann uns am nächsten Tag verbunden mit einer Einladung zur Beerdigung seines Schwiegervaters dann halten wollte. Er hatte die ganze Nacht über gegrübelt, aber erinnerte sich am nächsten Morgen, als er vor uns stand, nicht an ein einziges Wort. Wenn Verneigungen etwas bedeuten und Zeichen für eine wunderbare Rede sind, kann ich versichern, dass unser Redner in seiner Lobesrede selbst einen Fürsten schlagen könnte. Ich dachte dennoch, dass er ohne Verneigungen versuchte, seine Rede zu verbessern und seine sichtliche Rührung zu verdecken. Obwohl wir wussten, weshalb er gekommen war und die Einladung zur Begräbnisfeier erahnten, verstanden wir von seiner Rede schlicht nichts. Später kam der Stadtbürgermeister zusammen mit einem Offizier der hier stationierten Garde, um uns mit dem Boot abzuholen. Sie brachten uns zu dem Haus des Verstorbenen, das auf der anderen Uferseite lag. Als wir ankamen, sahen wir, dass das ganze Haus restlos voll von Pfarrern war. Alle hatten lange, schwarze Talare an und auf dem Kopf so hohe Hüte auf, dass man denken konnte, sie wollten die Deckenbalken damit stützen. In der Mitte des Raumes stand der mit einem Tuch bedeckte Sarg mit dem Leichnam, auf den die Tränen der Pfaffen tröpfelten, die über ihre nassen Bärte wie Bächlein liefen. Diese Schmerztropfen waren deren Weihwasser. Sämtliche Pfarrer hatten ihr Kirchspiel verlassen und waren nach sehr langer Reise hier angekommen. Einige von ihnen waren von über dreißig Meilen entfernt gekommen. Man versicherte uns, dass wenn die Trauerfeier im Winter und es leichter zu reisen in dieser Gegend gewesen wäre, jeder Gottesmann im Umkreis von einhundert Meilen hier erschienen sei. So prächtig werden solche Gelegenheiten begangen. Der Älteste von ihnen sprach in Gegenwart aller das Abschiedsgebet. Offensichtlich war es derartig traurig, wie man seiner betrübten Miene entnehmen konnte, dass auch uns die Tränen ausbrachen, obwohl wir kein Wort verstanden hatten.

Die Frauen hielten sich getrennt von den Männern in einem kleinen Raum auf und seufzten herzergreifend. Mit ihnen war auch die Ehefrau des Verstorbenen, die immer wieder mit ihrem Schluchzen die Zeremonie des Predigers unterbrach. Während der Predigt im Hause des Verstorbenen fand auch in der Kirche zur gleichen Zeit eine Andacht in finnischer Sprache statt. Nach Beendigung beider Predigten wurde der Leichnam zur Kirche gebracht. Sieben oder acht Bürgermeister trugen auf ihren Schultern den Sarg. Jede Persönlichkeit wollte dabei helfen. Damals erinnerte ich mich daran, was Vergil von der Ankunft des trojanischen Pferdes schrieb: Dass es keinen Einzigen gab, alt oder jung, der nicht dieses Monstrum in die Stadt ziehen wollte, *funemque manu contingere gaudent*[35] (freudig ergreifen sie das Seil).

Wir schritten hinter dem Sarg und vorweg vor der Trauergemeinde wie wichtige Personen. Danach kam die Witwe, die von zwei Töchtern abgestützt wurde. Der Einen sah man ihre Traurigkeit an, während die Andere nicht gerade einen sehr bewegten Eindruck machte. Der Sarg wurde in der Mitte der Kirche unter Absingen von Kirchenliedern aufgebahrt. Am Sarg vorbeiziehend warfen

---

[35] Aus der Aeneis II von Vergilius

sich die Frauen auf ihn und küssten ihn. Dann begann die eigentliche Grabrede. Die hielt der Kirchenvater von Uumaja Johannes Plantinus, der für seine Mühen einen silbernen Stab erhielt. Ich kann gerade nicht behaupten, ob er diesen verdient hat. Aber eines ist sicher, er schrie sehr laut. Um die Traurigkeit noch zu steigern, war sein eigener Auftritt noch unansehnlicher. Seine Haare waren wild durcheinander und voller Stroh, das zu entfernen, er wohl nicht geschafft hatte. Er erzählte die ganze Lebensgeschichte des Verstorbenen, angefangen von der Geburt bis zum letzten Atemzug, zählte sämtliche Gemeinden auf, wo er gearbeitet hatte, sämtliche Vorgesetzten, denen er gedient hatte sowie alle Regionen, die er mal gesehen hatte, nicht zu vergessen auch die kleinsten Vorfälle in seinem Leben. In diesem Lande ist es nämlich üblich, auch die Lakaien und die Dienerschaft zu erwähnen, wenn man dem Redner einen Ecu zahlt.

Ich nahm in Stockholm bei einer Trauerfeier für eine Hausangestellte teil, wo ich eher durch Zufall und aus Neugier hinkam. Nachdem der Trauerredner auch deren Geburtsort und den der Eltern erwähnt hatte, fing er an, ausführlich sämtliche Verdienste der Verstorbenen aufzuzählen. Er beschrieb sehr ausführlich und nicht ohne Übertreibung die Kochkunst der Verstorbenen und setzte seine Rede mit vielen Einzelheiten fort, beispielsweise welchen wunderbaren Schmorbraten die Verstorbene gemacht hätte. Zum Abschluss seiner langatmigen Rede zog er den Schluss, dass die Verstorbene nur einen einzigen Fehler gehabt hätte, nämlich zu viel Salz dem Essen zu geben. Doch das hätte nur ihre Weisheit offenbart. - Salz ist auch ein Vergleich zur Weisheit -. Sie nutzte Salz, in ihrer Unbekümmert für die schönen Dinge der Welt, sehr großzügig ohne allzu knickerig zu sein.

Wie sie sehen, lieber Leser, es gibt kaum einen Menschen, der nicht reichlich Stoff für die Leichenrede und irgendeinem Redner die Möglichkeit bietet, alles wunderbar darzustellen.

Aber in diesem Falle hatte der Verstorbene dennoch eine weit imponierendere Laufbahn hinter sich. Johannes Tornaeus war ein gelehrter Mann, der sehr viel gereist war, ja er war sogar in Frankreich der Hauslehrer von Graf Carl Oxenstiern[36] gewesen.

---

[36] Die Familie Oxenstierna war eine der einflussreichsten Schwedens. Axel Oxenstierna war Reichskanzler unter Gustav II Adolf von Schweden und lenkte als Vormund der jungen Königin Christina über viele Jahre das Land. Sein Einfluss im Dreißigjährigen Krieg war nicht unerheblich, nachdem Gustav II Adolf gefallen war.(Herfried Munkler:Der dreißigjährige Krieg)

Nach der Trauerrede bat man uns mit lateinischen, floskelhaften Worten, doch zum Festmahl zu bleiben. Obwohl wir diese Bitte ebenso wie schon vorher so gut wie nichts verstanden hatten, war uns aber doch klar, was seine Absicht war. Unsere Bäuche verrieten uns allzu sehr und hörbar, wovon die Rede war. Unseren Gastgebern waren diese Zeichen ebenso unverständlich, wie wir deren Sprache verstanden. Wir wurden in einen großen Saal geleitet, in dem drei lange Tische für die Ehrengäste aufgestellt waren. Daneben gab es noch fünf oder sechs Räumlichkeiten, die mit allen Anwesenden gefüllt werden sollten.

Zu Anfang des Mahles genoss man Branntwein und Bier gemischt und außerdem ein anderes Getränk aus Bier, Branntwein und Zucker hergestellt mit dem Namen *calchat*. Beide Getränke sind wohl die schlechtesten, die ein Mensch runtergurgeln kann. Dann wurde das Essen aufgetragen. Uns platzierte man an den Kopf des ersten Tisches zusammen mit den wichtigsten Geistlichen, wie dem Sprecher des Gebetes bei der Beisetzung und anderen. Das Essen begann mit einer stillen Gedenkpause, wie es überall üblich ist und erwartet wird. Der neben mir sitzende Plantinus bemerkte dazu, dass sie ihre Tischnachbarn mit *NELLI* bezeichnen. Das heißt: *neque vox nec sermo egreditur ex ore eorum;*

loquebantur variis linguis; in omnem terrram exivit sonus eorem[37].

Alle diese Worte sind Worte des Heiligen, die nicht besser gepasst hätten als hier hin. Man kann sich kein ausdrucksvolleres Gemälde der Hochzeit von Kanaa vorstellen, wie es schöner und natürlicher von Paolo Verones gemalt hat, als das, was sich uns hier auftat. Die Tische voll von verschiedenen, ja man mag es kaum sagen, antiken Fleischgerichten, die man schon eine Woche vorher geschmort hatte. Die Tafel geschmückt mit Pokalen aus unterschiedlichen Materialien, die an antike Opferakte erinnerten, die wir von Feiern der Antike kennen und deren große Anzahl regelrechte Verwirrung stifteten. Dieses Schauspiel krönten die bedeutungsvollen Mimik der bärtigen Pfaffen. Alle Gäste in finnischer Kleidung, die man amüsanter nicht findet. In der Menge war unter anderem ein kleiner Mann mit kurz geschnittenem Haar, buschigem Bart und Glatze. Selbst in der Vorstellung eines lebhaftesten Künstlers hätte er kein besseres Bild vom

---

[37] Die Worte entstammen der Bibel und heißen: „ Aus ihrem Mund kommt weder ein Ton noch eine Rede. Sie sprechen mit anderer Sprache, die auf der ganzen Welt erschallt". Gemeint aber ist eher die verkrampfte und später lockere Stimmung beim Festmahl. NELLI ist aus den Anfangsbuchstaben des Zitats in Latein gebildet. (Marja Itkonen-Kaila)

Heiligen Petrus abgegeben. Dieser Alte war beklei-
det mit einem grünen, formlosen, mantelähnlichen
Schürzenkleid, das gelb abgesetzt war und von einem Gürtel umfasst wurde. Ich konnte einfach
meine Blicke von dem Mann, der der Bruder des
Verstorbenen war, nicht lassen.

Während ich in die Beobachtung des Alten vertieft war, waren die Anderen schon zu Wichtigerem
gewechselt. Sie prosteten auf höchst wunderliche
Weise auf die Ehre des Verstorbenen und auf das
Wohlergehen der Familie. Am meisten tranken die
Pfarrer, die die engsten Freunde des Kirchenman-
nes gewesen waren. Nachdem man auf das Wohl
einzelner Privatpersonen angestoßen hatte, wech-
selte man zu den königlichen und mächtigen Männern. Aber zuerst wurde, wie es in Schweden Sitte
ist, auf das Wohl schöner Frauen der Trinkbecher
erhoben, erst dann waren die Könige an der Reihe.
Diese Toast werden aus Gefäßen getrunken, deren
Größe im direkten Verhältnis zur Macht der ein-
flussreichen, königlichen Personen stehen. Mich
wollte man als Ersten anspornen und bat mich, auf
das Wohl des Königs von Frankreich anzustoßen.
Man brachte mir einen Schoppen, der sehr viel höher und mächtiger war als der für andere Könige.
Es wäre aber ein Verbrechen gewesen, den Toast zu

verweigern. Ebenso wäre es aber auch falsch gewesen, nicht auf den französischen König anzustoßen und dabei die Gesundheit des Königs von Schweden, dem Land, in dem wir uns aufhielten, hochleben zu lassen. Also tranken wir alle aus dem Schoppen für den schwedischen König, der auch nicht viel kleiner war. Aber auch danach folgten noch viele Toast bevor Stille zum Gebet eintrat.

Zu allem Unglück passierte es, als genau in diesem Moment der Vertiefung Einer von uns fürchterlich zu lachen ausbrach. Wir lachten so laut, dass alle Anwesenden uns völlig entsetzt ansahen. Peinlich war es auch, dass sämtliche Hüte unserer ehrenvollen Tischnachbarn, auch die unsrigen, weggebracht worden waren, so dass wir unser heimliches Amusement nicht dahinter verstecken konnten. Je mehr wir versuchten, unser Lachen zu ersticken, desto lauter brach es aus uns heraus. Die Folge war, dass die Kirchenmänner meinten, wir würden uns auf Kosten ihres Glaubens amüsieren. Sie verließen den Saal und weigerten sich zurückzukommen. Ein kleinerer Pfarrer, der zu uns eine freundlichere Beziehung hatte, sagte uns, man würde uns wegen der Glaubensfragen an die Wand stellen. Wir vermieden allerdings diese Diskussionen und fanden die Trauergäste in einem anderen

Raum versammelt, wo sie rauchten, während die Tische abgeräumt wurden.

Zum Nachtisch offerierte man Pfeifen und Tabak. Die Kirchenmänner rauchten und pichelten, bis sie unter den Tisch zusammenbrachen. So wurden die Trinkopfer beim Begräbnis des Johannes Tornaeus vollbracht und so endete auch die Feier. Der Schwager des Verstorbenen Olaus Graan versuchte uns, den Trinkpokal noch in der Hand, stolpernd zum Boot zu begleiten. Aber seine Beine ließen ihn im Stich und er war kurz davor, in den Fluss zu stürzen. Zwei Männer trugen ihn dann auf ihren Schultern stützend hinweg.

Wir waren im Glauben, dass damit nun alles vorbei sei, als am folgenden Morgen Olaus Graan mit einigen Pfarrern erneut erschien, um uns zum Vertilgen der Reste einzuladen. Ich war völlig überrascht, denn ich hatte von einer Nachfeier in diesem Zusammenhang noch nie gehört, höchstens nach Hochzeiten. Ich konnte mir einfach nicht vorstellen, dass man auch nach einer Bestattung so verfahren könnte. Aber es half nichts, wir mussten nochmals los. Wir unterhielten uns dann in der Zwischenzeit mit ihm, soweit es zwischen seinem Alkoholzustand vorher und nachher überhaupt möglich war.

Dieser Olaus Graan[38], Schwager des Verstorbenen, war der Kirchenherr von Piitimen. Entweder war er es tatsächlich oder behauptete es nur, ein Gelehrter, ein Geologe, Chemiker, Chirurg und Mathematiker zu sein. Auf alle Fälle beherrschte er die französische Sprache. Wie er sprach , können sie dieser Höflichkeitsformel entnehmen, die er uns sagte: La grande ciel conserve vous et votre applicabilité tout le tems que vous verez vos gri cheveux. (Großer Himmel, bewahre ihnen und ihren Freunden ihr pflichtbewusstes Verhalten so lange, bis sie auf ihrem Kopf graue Haare bemerken). Er zeigte uns zwei Geldstücke. Auf dem einen war das Bild der Königin Christina und auf dem jüdischen Schekel sah man auf der einen Seite den Stab Moses und auf der Rückseite ein Gefäß mit einem Weihrauchast. Neben anderen Fähigkeiten gab er zu verstehen, dass er die Medizin voll beherrsche. Um das zu beweisen, zeigte er uns, aus seinen unzähligen Taschen ziehend, die verschiedensten Medikamente, die zur Gründung einer Apotheke ausgereicht hätten. Er gab mir ein Stück vom Biberhoden und behauptete, er könne aus einem Biberschwanz eine Wundersalbe herstellen, die bei allen Erkrankungen helfe.

---

[38] Olaus Graan wird von Scheffer in seiner Lapponia mehrfach zitiert.

Nach unserer Unterhaltung führte man uns wieder dorthin, wo wir am Vortage gewesen waren. Zur Ehre auf den Toten wurde wieder in Unmengen getrunken. Die, die dann noch irgendwie fähig waren, kehrten danach heim.

Wir blieben in Tornio auf unserer Rückreise eine Woche lang. Der Mittwoch und Donnerstag vergingen mit der Beerdigung. Am Freitag, Samstag und Sonntag passierte nichts, bis auf dass wir ständig Gäste hatten, die alle mit Getränken versorgt werden mussten. Am Montag waren wir beim Bürgermeister zum Mittagessen eingeladen. In der Morgendämmerung des Dienstags drehte der Wind nach Westen und wir setzten die Segel.

Kapitel Nr. 16

Der Wind blies ziemlich gut den ganzen Tag über. Nachts schwächte er sich ab und am Mittwoch war absolute Flaute. Auch am Donnerstag besserte es sich nicht, dass wir uns von unserem Ort hätten wegbewegen können. Während der Fahrt versuchten wir viele Male die Tiefe zu loten. Da wir aber niemals Grund zu fassen bekamen, befürchteten wir die ganze Zeit auf einen Felsen aufzulaufen. Am Freitag verschwand auch der Nebel leicht und mit Unterstützung eines Ost-Nordostwindes ging die Fahrt ein wenig weiter und wir konnten die Inseln der Meerenge passieren. Am nächsten Tag jedoch bekamen wir Gegenwind, der uns zwang umzukehren und in einem Hafen namens *Rata* zu warten.

Einen Teil des Tages verbrachten wir mit Jagen auf einer nahen Insel. Am Abend besuchten wir eine Kirche, die nur eine halbe französische Meile entfernt war. Der Pfarrer beköstigte uns mit einem Abendessen. Dennoch wollte er uns aber keineswegs übernachten lassen. Er fürchtete, dass derartige junge Männer wie wir, gerade aus Lappland zurückgekehrt, sonst etwas anstellen und seine Ehre verletzen könnten. Er behauptete, dass der Wind momentan richtig blasen würde, um uns zu tragen. Das Gegenteil war aber richtig.

Nachdem wir ihm noch ein Buch abgekauft hatten, kehrten wir zu unserem Schiff zurück und verbrachten dort die Nacht.

Am Sonntagmorgen sendete der örtliche Kommandant des Regiments zwei Soldaten zu uns mit dem Auftrag, uns mit einem Boot abzuholen. Wir machten uns also zu ihm auf und trafen dort sämtliche Offiziere an, die uns mit einem sehr guten Mittagsessen aufwarteten. Wir mussten mit ihnen auf schwedische Art und Weise trinken. Anders gesagt, der Schoppen musste mit einem Schluck geleert werden. Als dann auf das Wohl des Königs angestoßen werden sollte, brachte man drei gefüllte Gläser, die alle geleert wurden. Ich muss zugeben, dass ich keinerlei Erfahrungen mit dem gleichzeitigen Toast aus drei Gläsern hatte und deshalb mich sehr wunderte, ob nicht ein Glas auch ausgereicht hätte. Zu den dortigen Sitten gehört es auch, dass man die getrunkenen Gläser als Zeichen, dass man nicht gemogelt hat, umgekehrt wieder auf den Untersatz zurückstellt.

Wir kehrten zurück zu unserem Schiff und kontrollierten am nächsten Tag gegen zehn die Windrichtung. Der Wind blies aus östlicher Richtung. Der Kapitän und sein Steuermann meinten in ihrer Unwissenheit, sie könnten so aus dem Hafen nicht heraussegeln. Ich hielt dagegen, so dass sie es schließlich wagten aufzubrechen. Alles lief bestens und zur Hälfte des Tages kam ein stärkerer Nordostwind, der die ganze Nacht anhielt bis zum Montagmittag. So segelten wir in nur einem Tag über dreißig Meilen.

Ganz plötzlich aber herrschte wieder Windstille und wir blieben in *Agbon* hängen, wo wir auch an

Land stiegen und zu Fuß bis *Kopparberg (Falun)* gehen wollten. Aber das konnten wir erst am nächsten Tag, da wir zufälligerweise am Ufer mehrere kleine Boote antrafen, die von den Marktagen von *Härnösand* zurückkamen. So gelangten wir zur Nacht an das Ufer der am bottnischen Meerbusen gelegenen kleinen Stadt *Hudiksvall*. Am nächsten Tag besorgten wir uns Pferde bei der Pferdefuhrhalterei. Dieser Reiseteil wurde aber zu einer Tortur. Die Gründe waren, dass erstens die Wege sehr weich waren und zweitens wir eine ewige Zeit nicht mehr auf einem Pferd gesessen hatten, was sehr anstrengend war.

In der Nacht verirrten wir uns im Wald. Wenn es schon in der Dunkelheit schwer ist, „auf dem Holzweg" zu sein, ist es in Schweden noch viele Male düsterer in den nicht enden wollenden und steilen Wäldern. Von ihrer Sprache verstanden wir nicht ein einziges Wort. Aber was nutzt es, wenn man niemanden trifft und nach dem Weg fragen kann. Wir ritten eine ziemliche Strecke im strömenden Regen bis wir schließlich doch eine Fuhrwerkstation erreichten. Wir mussten der winzigen Kerze danken, die in der Dunkelheit dieser Nacht tausend Mal anmutender war als der schönste Sonnenschein in einer Sommernacht. Am Folgetag, einem

Freitag, waren wir nach so einem Tag restlos erschöpft und kamen nur eine Meile voran und übernachteten in *Alfta*.

Am Samstag passierte uns ein besonderes Abenteuer. Wir brachen um sechs morgens auf und schafften vier schwedische Meilen, was zwölf französischen Meilen entspricht. Gegen zwei Uhr nachmittags kamen wir an einem kleinen Holzhaus an. Wir konnten uns einfach nicht vorstellen, dass das der richtige Ort zum Pferdewechsel sei. Aber er war es. Wir fanden aber einfach niemanden, mit dem wir hätten sprechen können. Also zogen wir weiter des Weges, deren Zustand nur der versteht, der einmal dort lang gekommen ist. Wir dachten zwar, wir wären direkt in der Nähe einer Fuhrwerkstelle, aber es ging weiter bis vier Uhr nachmittags ohne einem einzigen Menschen begegnet zu sein, den wir nach dem Weg hätten fragen können, geschweige denn, dass wir auch nur ein kleines Dach zum Unterschlupf gesehen hätten.

Obendrein regnete es fürchterlich. In der Nacht schüttete es nun für die letzten drei Monate, an den nicht ein einziger Tropfen Wasser heruntergekommen war. Wir lebten von der Hoffnung, endlich auf einen Bauernhof zu treffen. Obwohl wir restlos ermüdet waren, zogen wir weiter. Es regnete immer noch in Strömen und die Nacht brach herein. Unsere erschöpften Pferde, die seit dem Morgen nichts gefressen hatten, blieben ganz plötzlich stehen und weigerten sich weiterzulaufen. Wir waren in einer solch jämmerlichen Situation mitten im Wald, dass wir nirgendswo anders vor dem Regen Schutz suchen konnten als unter den Bäuchen unserer Pferde. Dort konnten wir völlig geschützt sein, denn die armen Tiere waren am Ende ihrer Kräfte und blieben die ganze Nacht über regungslos stehen - ohne Nahrung wie auch ihre Reiter. Die einzige Erleichterung war, dass es uns gelang, ein richtiges Feuer zu machen, dass uns ein wenig wärmte.

In diesem Zustand müssen wir wie Irre ausgesehen haben, völlig erledigt und ermattet, vierundzwanzig Stunden ohne Nahrung. Wir saßen die Köpfe hängend und erduldeten die Regengüsse, die der Himmel unsere Nacken herunterlaufen ließ. Aber die Spitze aller Verrücktheit war, dass wir die Pferderücken aber nicht bestiegen, als wir nur ein paar Musketen Schüsse entfernt ein kleines Haus bemerkten, was wir so bitterlich gesucht hatten. Dort bekamen wir ein wenig Milch zu trinken.

Aber nichts ist so schlecht als das es auch etwas Gutes hat, sagt ein Sprichwort. Dank unserer Irrfahrt erreichten wir schon am nächsten Tag, also am Sonntag, *Kopparberg*, wohin wir sonst erst einen Tag später gekommen wären.

Wir bemerkten die Stadt durch den aufsteigenden Rauch, der uns an die Schmiede des Vulkans erinnerte. Überall sah man nur Schmelzöfen, Feuerbrünste, Gluthaufen und beängstigende Zyklopen. Zur Stadt kommt man nur durch eine Schlucht. Man bekommt einen Eindruck von diesem schauerlichen Ort, wenn ich erzähle, dass man uns zuerst in einem Raum brachte, wo wir die Kleider wechselten.

Jeder von uns bekam einen Stab mit einer Eisenspitze als Hilfe für dieses gefährliche Gebiet. Dann fuhren wir in das Bergwerk, dessen Öffnung überraschend breit und tief ist. Die Bergleute waren nicht zu unterscheiden. Die einen hoben Steine auf, Andere sprengten Flöße, Dritte zündete Feuer, um das Erz zu lösen. Jeder hatte seine besondere Aufgabe.

Unser Weg ging bis auf den Grund des Schachtes mit seinen unzähligen Gängen. Da wurde uns klar, dass dies noch nichts sei, dies war erst der Anfang zu weiteren Zielen. Unser Führer zündete seine Fackel an. Doch auch damit war es nicht möglich, die herrschende Dunkelheit zu durchbrechen. Überall ungenaue, schreckliche Anblicke, die die Flammen so gerade freigaben. Der Rauch verschleierte die Sicht, der Schwefelgeruch war erstickend. Wenn man sich dann geistig das Klopfen der Hämmer, die Schatten, die unglücklichen Wesen vorstellt, völlig nackt und schwarz wie Teufel, ist man wie ich bereit zu gestehen, nichts kann die Hölle besser darstellen, als dieses lebende Bild, gemalt mit den schwärzesten und dunkelsten, vorstellbaren Farben.

Unser Weg führte untertage über eine halbe Meile beängstigende Gänge entlang, zwischendurch über frei hängende Leitern oder mit Hilfe leichter Stricke, dass wir uns die ganze Zeit fürchteten. Am Rande unserer Tour fielen uns unzählige Wasserpumpen und andere auffallende Geräte auf, die wir aber nicht näher untersuchen konnten. Wir sahen nur sehr viele dieser Unglücklichen an den Pumpen arbeiten. Unter allergrößten Anstrengungen kamen wir bis auf die Grundsohle. Als wir aber nach oben mussten, waren wir von dem Schwefelgeruch so benebelt, dass wir nur mit Ach und Krach es bis zur ersten Ebene schafften. Wir kürzten mehrfach ab, da unsere Beine uns nicht mehr tragen wollten, dass man schließlich gezwungen war, uns stützend zu helfen. Unter allerletztem Aufbäumen kamen wir schließlich am Schlund der Mine an und holten wie vom Fegefeuer geschlagene Seelen tief Luft.

Vor unseren Augen mussten wir entsetzt mit ansehen, wie man einen dieser unglücklichen Seelen wegtrug, den ein mit riesiger Kraft von oben kommender kleiner Stein erschlagen hatte. Diese armen Menschen verkaufen ihr Leben zum billigen Preis: Man zahlt ihnen pro Tag sechzehn Sou. Ständig arbeiten sechs- bis siebenhundert Männer. Es ist schwer zu sagen, wer oder was mehr zu bemitleiden ist, das Schicksal dieser in der Hölle Arbeitenden oder der Geiz der Menschen, die in ihrer Sucht nach Luxus das Erdinnere ramponieren, die Elemente durcheinanderbringen und die Natur ins Schwanken bringen. Boethius lag mit seinen Worten vor Zeiten durchaus richtig:

Heu! primus quis fuit ille,

Auri qui pondera tecti

Gemmasque latere volentes

Pretiosa pericula fodit?

"Oh, wer war das, der als Erster die gefährlichen Schätze ausgegraben hat, die verborgenen Goldstücke und versteckten Edelsteine"?

Plinius hat einst gesagt, den Römern seien die Menschen wichtiger als Gold. Deshalb wollte man auch nicht die in Italien gefundenen Minen öffnen. Die Spanier dagegen holten von Guinea diese Unglücklichen, die dann zur Arbeit in den Bergen von *Potos* gezwungen wurden. Ja, in einigen Ländern schickte man zum Tode Verurteilte in die Bergwerke, wo sie Tag für Tag ihr eigenes Grab schaufeln konnten.

Im Bergwerk von *Kopparberg* werden Schwefelkies, blaues und grünes Vitriol und Oktaeder gefunden, achteckige, besondere Steine.

Am gleichen Tagen ging es weiter zur Silbermine von *Salaberg*, kamen aber erst am Dienstag dort an[39]. Der offizielle Ortsname ist *Sala* und ist eine der bezauberndsten Region Schwedens. Am folgenden Tag gingen wir zu einem eine Viertelmeile von der Stadt entfernten Bergwerk. Dort gab es drei große Öffnungen, bei denen man aber nicht bis in die Tiefe schauen konnte. In die Tiefe kommt man mit einer an einem Seil hängenden Fasshälfte. Die mit Wasser betriebene Maschine arbeitet auf sehr eigenartige Weise. Sie dreht sich nämlich um die Achse

---

[39] Die Silbermine wurde von Gustav I. Wasa, König von Schweden (1523-1560), eröffnet und bis zum Jahre 1908 genutzt.

und hebt die eine Seite während die andere abgesenkt wird. Der Begleiter unserer Gesellschaft, schwarz wie der Teufel selbst, hielt eine Fackel in der Hand und fing an, während der Abfahrt ein düsteres Lied zu singen, was extra hierfür gemacht war. Die Abfahrt war aber angenehm. Jedoch nicht grundlos hat man ein ungutes Gefühl, wenn man erkennt, dass sein Leben nur an einem Seil hängt, und man sich fragen muss, hält es oder nicht. Auf halber Strecke spürten wir eine ziemliche Kälte. Sie und die vielen Wasserströme auf allen Seiten weckten uns aus unserer erstarrten, vertrackten Lage.

Nach einer halben Stunde befanden wir uns auf dem Boden des Schachtes. Dort zerstreute sich langsam unsere Angst. Wir sahen nicht mehr Schlimmes und Beängstigendes. Im Gegenteil, alles flimmerte glänzend hier unter der Erde. Über unglaublich lange Leitern kamen wir schließlich zu einem im tiefsten Teil des Schachtes befindlichen Saal, dessen tragenden Säulen aus teurem Metall waren. Zum Saal führten vier großräumige Gänge. Überall brannten Feuer, deren Schein sich an den silbernen Dachholmen mit dem vorbeifließenden Fluss widerspiegelte. Das gab nicht nur von den Arbeitern, sondern insgesamt einen unsäglichen Eindruck. Es herrschte das Gefühl, als seien wir in

Plutos[40] bezauberndem Schloss, das die Dichter in die Tiefe der Erde verlegt hatten, dort wo alle Schätze liegen. In den Gängen sah man ständig Menschen unterschiedlicher Nationalitäten, die sich beim Auffinden des Silbers für andere Menschen abrackerten. Einige zogen Karren, Andere schlugen Steine, Dritte lösten Felsen von den Wänden. Alle hatten ihre Aufgaben. Dies ist eine Stadt unter einer Stadt. Hier gibt es Kneipen, Häuser, Ställe und Pferde. Aber am wundersamsten in dieser Höhle war eine sich ständig drehende Windmühle, durch die Wasser nach oben transportiert wurde. Aus dem Schacht nach oben kommt man mit der gleichen Maschine, die uns auch nach unten beförderte. Anschließend sahen wir uns noch verschiedene Silberbearbeitungsmethoden an.

Die Bezeichnung der Steine aus der ersten Grube lautet *stuf*. Die Steine werden im Ofen bei wenigem Feuer getrocknet und so Antimon, Arsen und Schwefel getrennt bis nur Blei und Silber überbleiben. Nach der ersten Behandlung folgt die zweite: Die getrockneten Steine werden in eine Vertiefung geworfen, wo sie gerieben und von einem mit Wasser betriebenen Hammer zertrümmert werden. Die

---

[40] In der griechischen Mythologie der Gott des aus der Erde kommenden Reichtums

zermalmten Stücke werden auf einem schrägen
Brett mit ständig strömendem Wasser gespült, bis
die gröberen Anteile alle getrennt sind und auf dem
mit Stoff überzogenen Brett nur noch Blei und Silber hängen bleiben. Im dritten Arbeitsgang wird
das Silber vom Blei getrennt. Im vierten und letzten
Gang schließlich ist das Silber fertig zur weiteren
Bearbeitung. Es ist sehr schwer sich vorzustellen,
wie viele Arbeitsgänge benötigt werden, um ein
Metall zu bekommen, was eigentlich ein Abfallpro-
dukt der Erde ist. Die Spanier benutzen in *Potos*
nicht mehr all diese Schmelzmethoden, nachdem
sie gelernt haben, Silber mit Hilfe von Quecksilber
zu trennen. Quecksilber verträgt sich mit keinem
anderen Metall und zerstört diese mit Ausnahme
von Gold und Silber. Es trennt sämtliche Schlacken-
und Erdanteile und eint das Überbleibende.

Auch in diesem Bergwerk gibt es Quecksilber -
einige bezeichnen es auch nicht als Metall, weil man
es nicht schmieden kann ---. Dieses Metall dürfte
wohl zu den selteneren Gaben der Natur gehören.
Obwohl es flüssig ist, gehört es zu den schwersten
Metallen der Erde. Aber es vermag auch sich zum
leichtesten zu wandeln und als Dämpfe aufzu-
gehen. Wenn es unter kalten Bedingungen in Kon-

takt mit festem Material kommt, wird es sofort wieder in seiner ursprünglichen Form fest und verschwindet nie.

Der Mann, der uns in der Grube als Führer diente, zeigte uns später in seiner Wohnung eine Menge gesammelter, besonders auffallender Steine. Darunter war ein großer, formbarer Stein, der im Feuer nicht brennt und weiß wird. Die Römer verwendeten diesen bei der Feuerbestattung ihrer Verstorbenen. Er hatte ihn hier in der Grube gefunden und schenkte jedem von uns ein kleines Stück.

Am gleichen Tag verabschiedeten wir uns von dieser kleinen Stadt in Richtung Uppsala, wo wir am frühen Morgen, einem Mittwoch, ankamen.

Kapitel Nr. 17

Diese Stadt ist wegen ihrer Akademie und ihrer Lage die bedeutendste Stadt Schwedens. All die, die dem geistigen Stand angehören wollen, werden hierher zum Studium geschickt. Adelige aber werden in diesen Stand nicht aufgenommen. Mit dieser Politik wird versucht, im Reich die Anzahl der Adeligen nicht zu verkleinern, da sie dem Staat auf andere Weise dienlich sein können.

Wir besuchten die Bibliothek, in der es aber außer der silbernen, mit gotischen Buchstaben geschriebenen Handschrift *Codex argentus*, von einem Bischof Wulfila in Myysia oder Vorderasien verfasst, nichts Besonderes gab. Sie wurde im Zusammenhang mit dem Raubzug von Prag gefunden. Graf Königsmarck brachte die Beute mit und schenkte sie der Königin Christina[41] . Anschließend gingen wir in die Kirche, wo wir das Grab von Eric, dem Heiligen sahen, König von Schweden[42]. Seinen Schädel hatte man getrennt. Aber wir sahen diesen und durften seine Knochen in einer gut erhaltenen Silbertruhe berühren. Hinter dem Chor der Kirche ist in einer großen Kapelle ein Mausoleum, wo Gustav I. Wasa mit seinen beiden Ehefrauen liegt. Der Sarg einer der beiden Frauen ist wegen ihrer Grausamkeiten mit einer Peitsche ausgestattet[43]. In der Sakristei konnten wir ein Bild eines Götzen sehen, wobei es

---

[41] Der Codex Argentus ist der Rest eines spätantiken Evangeliars in gotischer Sprache, in der Universitätsbibliothek von Uppsala, mit silberfarbener Tinte geschrieben, worauf sich der Silbercodex bezieht. Der Codex ist nicht vollständig. Ein Blatt befindet sich u.a. im Dom zu Speyer. (Wikipedia.de)

[42] Um 1150 christianisierte Eric IX. rücksichtslos und mit grausamsten Methoden Finnen und Lappen.

[43] Katharina von Sachsen-Lauenburg (1513-1535).Nach ihrem Tod ging das Gerücht, Gustav Wasa hätte sie mit einem Hammer erschlagen. Ihr einziger gemeinsamer Sohn aus dieser ersten Ehe war der spätere schwedische König Eric XIV. Die zweite Ehe mit der Margareta Leijonhufvud (1516-1551) war umso glücklicher.

sich um Thor handelte, dem vor Zeiten die Schweden gedient hatten. Auch sahen wir einen besonders schönen Abendmalskrug, ein Geschenk der Königin Christina.

In der Stadt trifft man unzählige gebildete Menschen, unter anderem den Arzt Rudbeck[44], der ein wirklich ganz besonderes Buch verfasst hat, das er uns persönlich zeigte. Sich auf Herodot, Platon, dem Sizilianer Diodoros und andere Schriftsteller der Antike berufend, zeigte er, dass die alten Götter aus seinem Land stammen. Mit starken Begründungen konnte er auch uns überzeugen, dass sämtliche Namen der alten Götter sich von seiner Sprache ableiten lassen. Der Name Herkules stammt von *her* und *coule*, was Kriegsherr bedeutet. Diana leitet sich von dem gotischen Wort *dia* ab, was säugen bedeutet. Er erklärte auch die Zusammenhänge mit den Äpfeln der Hesperiden, die jeden, der sie berührt, unsterblich machen. Diese seien gerade hier gewachsen und die Unsterblichkeit hänge von dem Weg ab, den Menschen in ihrem Leben einschlagen. Er zeigte uns eine Stelle bei Plato, nach der die Römer gesagt haben sollen, dass ihr Gott

---

[44] Olof oder Olaus Rudbeck, der Ältere(1630-1702), ein vielseitiger Gelehrter, entwickelte auch Windmühlen, Hebebrücken, den Postdienst und ein Aquaduct zur Wasserversorgung Uppsalas.

von den Griechen stammen solle und diese ihn wiederum von den Barbaren übernommen hätten. Er versuchte uns auch glauben zu machen, dass die Säulen des Herkules aus seinem Lande stammen sollten. Alles Mögliche erzählte er noch, was man glauben kann oder nicht.

In seinem Arbeitszimmer sahen wir viele mechanische Geräte, unter anderem auch einen Runenstab, mit dem man mehr über den Lauf der Sonne erfahren sollte. Seiner Auffassung nach kannten die Schweden auch dieses System schon vor den Ägyptern und Chaldäern. Die Runenschriften hatten die Form einer Schlange. Nach ihm soll es die gleiche Schlange sein, die den Garten der Hesperiden bewacht. Die Schweden haben nur sechzehn Runen für ihre Schrift.

Ein anderer Arzt war unter dem Namen Hoffwenius[45] bekannt, ebenso wie der berühmte Verelius[46] und Loccenius[47], ersterer wegen seiner Altertums-

---

[45] Petrus Hoffwenius (1630-1682) schwedischer Arzt

[46] Olof Verelius (1618-1682), Altertums-und Sprachforscher. Zusammen mit seinem Freund Johannes Scheffer übersetzte er die isländische Gautreks Saga.

[47] Johannes Loccenius (1598 in Itzehoe-1677 Uppsala). Dr.jur in Leiden; Prof. für Geschichte in Uppsala. Verfasser der schwedischen Kulturgeschichte und des Mittelalaters.

forschung, letzter als Jurist. Columbus ist ein Geschichtsschreiber und Scheffer, der über die Lappen geschrieben hat, würdigte man als Logiker. In der alten Stadt Uppsala finden sich viele Gedenkstätten wie die Gräber schwedischer Könige und der Tempel des Janus Quadifrons, über den Rudbeck geschrieben hatte.

Wir schifften uns auf einem kleinen Schiff ein, das aus anderen Gründen nach Stockholm segeln wollte. Der Wind stand gut, aber noch in Sicht der Stadt Uppsala drehte er sich. So mussten wir zwei schwedische oder fünf bis sechs französische Meilen zu Fuß zurücklegen. Schließlich kamen wir an eine Fuhrwerkstation, wo wir endlich Pferde bekamen. Wir ritten die ganze Nacht durch und kamen morgens gegen vier Uhr, den 27. September, in Stockholm an. Hier endete unsere beschwerlichste und bedeutendste Reise, die ich jemals gemacht habe, eine Tour, die ich in jedem Fall auch ohne eine größere Geldsumme durchgezogen hätte, aber trotz noch größerer Summe nicht wiederholt hätte.

Loppu/Ende

Joannis Scheffer: *Teilauszüge aus Lapponia als Beispiel, wie sehr die Beschreibungen von Land und Leuten Lapplands mit dem Berichten von Regnard übereinstimmen. Zitiert werden die zusammenfassenden deutschsprachigen Schriften von Scheffer selbst auf der Basis seiner Quellen, die oft auch in der schwedischen Landessprache verfasst wurden.*

*(1) **Scheffer S. 247/248**: Sie pflegen die hohen Fichten/insonderheit an dem Theil so nahe der Erden stehet/abzuschälen/hernach die innere Rinde zu nehmen/ in gar dünne Häutlein wie ein Papier zu theilen und wohl zu reinigen. Darauff legen sie selbe an die Sonne daß sie trocken werden/ und zureissen sie in kleine Stücklein/so sie in grosse/ auß Baumrinden gemachte Pudeln werffen. Die Pudeln vergraben sie unter die Erde/und bedecken sie mit Grieß oder Sand. Lassen sie daselbst einen gantzen Tag durch/ von der Wärme erweichet werden. Endlich machen sie oben an dem Ort/wo diese Pudeln vergraben/ ein grosses Feuer von zusammen getragenen Höltzern und Kidzern. Dadurch werden diese Rinden unter der Erden gekochet/ und überkommen eine rothe Farbe/und gar süssen angenehmen Geschmack.*

*(2) **Scheffer S. 352**: Gleich wie die Lappen von keinen schweren Krankheiten wissen/also werden sie alt/und gelangen zu hohem Alter. Ja er saget, daß unter ihnen etliche zu finden/so über hundert Jahre gelebet/ die meisten siebenzig/achtzig/ neunzig Jahre erreichen.*

*(3) **Scheffer S.34**: Sie haben ein breites Angesicht/eingeschlagene Backen/einen langen Kin/grosse Köpfe/rötlich triefende Augen. Der Kopff ist mit kurzen/schlichten/und wenigen Haaren bedecket;*

*(4) **Scheffer S. 336**: Nachdem die Sechswöchnerin gebohren/ trincket sie einen guten Trunck Wallfisch-Thran oder Fett/so sie in Norwegen kauffen/dessen Geschmack eben so widerlich ist/als wann man Seelspeck isset. Das neugeborene Kind wird als sonsten üblich waschen. Doch haben die Lappen dieses besonders/ daß sie ihre Kinder zu erst mit kaltem Wasser oder Schnee abwaschen/ und wann es zu keuchen anfänget/ und kaum mehr Atem holen / in warmes Wasser tauchen.*

*(5) **Scheffer S. 351**: Die Wunden heilen sei mit Baumhartz.; wann sie verwundet werden/legen sie ein Pflaster von Hartz auff. So ihnen einige Glieder erfrieren/so ist dagegen das beste Mittel Reenthier-Käse/in welchen sie ein*

glüend Eisen stossen/ und was darauff wie ein Oel herauß fliesset/ solches schmieren sie über das beschädigte Glied/ welches dann eine unglaubliche Tugend in sich hat.

(6) Scheffer S. 349: Die Lappen sind von Natur starck/ und werden nicht so offte wie andre Völcker von Krankheiten angefochten. Von vielen Krankheiten wissen sie gar nichts/ ja sie sind auch den Seuchen /die sonsten ganze Völcker verwüsten/ nicht unterworfen.

Die gemeinste Kranckheit womit sie geplaget werden ist die Blödigkeit und das Fliessen der Augen/worauß zum öftern die Blindheit erfolget.

(7) Scheffer S. 350: Das ist bey ihnen das beschwerlichste und elendeste/ aß ihr Alter sich insgemein mit der Blindheit endet/

Welches Übel auß dem stätigen Anschauen deß Feuers von Kind auff Nacht und Tag/Winter und Sommer über/ berühret. Dann solches Feuer mitten in der Katen immer brennet.

(8) Scheffer S. 353-359 : Denn sie glauben, daß von den Verstorbenen etwas überbleibe/als was die Lateiner manes genannt/ und daß solches sich nicht jederzeit gütig/sondern auch bißweilen schädlich erweise.

An statt deß Sarckes brauchen sie einen Baum oder Klotz außhölet.

So ist auch von der Art nicht wunder/falß auch bey andern Gewohnheiten/ den Verstorbenen ihre Waffen mitzugeben welches unter andern bey denen Lappen auch Beile und Aexte seyn.

Drei Tage nach der Begräbnis schlachten sie das Reenthier/ womit der Verstorbene zu dem Kirchhoffe gebracht worden/ demselben zu Ehren und verzehrnes mit den Anverwandten und Freunden.

Auff diesem Todtenmahl verhüten sie mit all Fleiß/ daß kein Knochen umkomme/ sondern samblen solche auff das genauste zusammen /legen sie in eine Kiste/ und vergraben sie damit.

(9) Scheffer S. 364: Dieses Thier wird auf zweyerley Weise rangiferi genant/ erstlich weil er auf dem Kopffe hohe Hörner/gleich Eichenäste träget: und dann weil sie den Zeug so sie ihm umb die Hörner und Brust legen/ damit er die Schlitten im Winter ziehet.

(10) Scheffer S. 369 : Es hat von Natur gespaltene und fast runde Klauen. Mit den Gelencken der Füsse/ es gehe wie es wolle/ machet ein lautes Geräusch/ nicht anders als wann Kieselsteine oder Nüsse klapperten so auch etwas besonderes am Reenthier

(11) Scheffer S.371: sie pflegen die zahmen Reenthier Weiblein zu der Zeit da sie in der Brunst/ die Wilden solcher gestalt zu fangen/ in die Wälder zu lassen, dass diese Weiblein bißweilen empfangen und gedachte dritte Art werffen/ ….. nennen sie kattaigiar / ……..so grösser und stärker ist/ wie andere und daher für den Schlitten sehr bequäm.

(12) Scheffer S. 371: Diese Art saget er (Samuel Rheen) ferner/behalte etwas von der Wildheit an sich/ und werde zuweilen anstössig und schlage mit den hinter Füssen nach dem so auff dem Schlitten sitzet

(13) Scheffer S. 194: Die Lappen ihre Reenthieren/ Felle von den Reenthieren/ von den schwartzen/rothen/blauen/ weissen Füchsen/ von den Fisch-Ottern/ Vielfrassen/ Mardern/ Biebern/ Eichhörnern/ Wölffen/ Bähren/ LappischeKleider/ Stieffeln/ Schue/ Handschue/ truckene Hechte/ Reenthier-Käse

Dieses sind Kauffwaren der Lappen/ die sie mit ….. wollen Tuch/ Kupffer/ Messing/ Saltz/ Mehl/ Ochsenhäuten/ Schwefel/ Nadeln / Messern/ Brandwein/ und Taback/ den sie gar hoch halten/ vertauschen.

(14) Scheffer S. 99: es können aber solche Mißbräuche so noch unter denen Lappen im schwange gehen/ fürnehmlich unter zwo Haupttheile gebracht werden. Im ersten kommen die aberglaubisch/ heidnische und gottlose Gewohnheiten für: Im zweyten /die Zauber-und Teufells-Künste.

(15) Scheffer S. 100: als inbesonderheit am ersten Weihnachts-Tage/ an deme die Hauvatter ungern zur Kirche kommen……. Die Ursache ist/ weil sie sich für gewissen Gespenstern oder Göttern/ so dann mit grossem Hauffen in der Lufft herumd schwerffen sollen/ welche sie zu erst mit Opffern versöhnen müssen/ fürchten/

(16) Scheffer S.107-110: Das erste ist Thor oder Thodoen auf Schwedisch/ das ist Donner …. Den Donner heissen/ von dem sie wähnen daß er durch eine besondere und fürtreffliche Kraft des Himels lebe…..

Auff ihn folget der Storjunkare … ist auß der Norwegischen Sprach entlehnet/ dann die Norweger nennen ihre Landvögte Junkare, daß die wilden Thiere dem Storjunkare zugehören…..

Und weil er sich in eben…. In Torna-und Kiema Lappmarck nicht sehen lassen/kann es geschehen seyn/ daß sie ihn …..insgeheim Seita genannt/ und ihm den Nutzen so sie auß dem Vogelfang/ Fischereyen/ und Jagden gehabt/ zugeschrieben.

Sie halten die Sonne für eine Zeugmutter aller Dinge…….

(17) Scheffer S.124-128*: Das Reenthier aber so sie dem Thor auffopffern sind insgemein Männlein…… und durchstechen das Hertz mit der Spitze eines scharffen Messers……als dann samlen sie das Blut so nahe bey dem Herzen. In ein Gefäß mit denne sie alsofort den Thoronem beschmieren.*

…. Schlachten sie ein Reenthier/ dessen Gebeine sie alle zusammen lesen/ mit dem Blut aber und Schmeer das Bild beschmieren.

Die Hörner setzen sie oben auf des Thori Gerüst nebst den fürnembsten Knochen.

(18) Scheffer S.135*: Sie sind solche grosse Zauberer/ daß sie unter vielen andern wunderbaren Sachen/so ich übergebe/ein Schiff mitte in seinem Lauff aufhalten könen.*

(19) Scheffer S. 137– 146*: Ihr abergläubischer Götzendienst gebrauchet auch ein Instrument/ (sie nennen es kannus) so die Gestalt einer Trummel hat.*

Das Holtz dazu muß seyn von einer Fichten/Tannen/oder Bircken/ die an einem besonderen Ort gewachsen/ und sich nach dem Lauff der Sonnen wendet.

Solche Trummel……darüber eine Haut gespannet wird/ die Runde aber/ die untere Seite nebst dem Handgriff abgiebet.

Die Trummel überziehen sie mit einem Fell/ darauff sie mit Farbe auß Erlen Rinden vielerley Bilder mahlen.

Mitten auf der Trummel / ziehen sie etzliche Zwechstriche/ auff welche sie ihre Götter stellen…..

(20) Scheffer S. 150-151*: …. Und füget hernach bey folgendes Exempel/ so in Bergen/ einer berühmten Handelstadt sich in Norwegen sich begeben/ und öffentlich meinem Buche/darm die Begebenheit der Teutschen Kauffmanns-Diner mit Namen Johan Delling/ damals zu Bergen sich auffgehalten/ zu deme ein Norwegischer Finnlappe….. gekommen : da dann gedachter Johannes Jacob*

Smaofvend geheissen/ gebetten/ er möchte ihm doch/ was sein Herr anitzo in Teutschland mache/ anzeigen………….

*(21) **Scheffer S. 361**: Die Lappen so viel Geld und Silber haben/ verwahren solches in der Erden/ und nennen den Ort Roggai oder eine Grube auf diese Weise. Sie nehmen einen grossen kupfferne oder messingen Kessel/ den setzen sie in die Erde/ und in selbsen eine Kiste oder Lade mit einem für gelegten Schlosse/ darin sie ihr Geld und Silber verwahren/ oben auff legen sie etzliche hölzerne Bretter/ und schütten endlich über alles Erde/ Raasen und Moos/ damit niemand deß Ortes/ wo die Grube zubereitet/ gewahr werde. Sie machen aber dieses so heimlich/ daß auch nicht einmal die Weiber und Kinder darum wissen/ daher es geschiehet/ daß wann sie bißweilen eilends und unverhofft dahin sterbe/ alles verborgen bleibet/ und an die Erben nicht gelanget.*

*(22) **Scheffer S. 382**: Wann das Reenthier angebunden/ wird es der Wolff nicht beissen/ so es aber loß gehet/ wird es ihme zur Speise. Dann es ist ein argwöhnisches Thier/ so ein jeglich Ding für einen Strick oder sonsten etwas damit man ihn betriegen und fangen könnte ansiehet.*

*(23) **Scheffer S. 383**: Es schätzen dieses Fell etzliche den Zobeln gleich/ außgenommen daß die Zobeln weicher von Haaren sind.*

*(24) **Scheffer S. 299**: Wann der zinnerne Drat auff etzliche Elen lang außgedähnet/ winden sie unter dem ziehen/ solches entweder umb den Kopff oder Halß oder Füsse/ damit es nicht verwirret werde. Hernach spinnen sie ihn mit einer kleinen Spindel/ und winden ihn umb einen andern Faden. Und solcher gestalt machen die Lappen den zinnernen Drat.*

*(25) **Scheffer S. 259**: Die Eichhörner schiessen sie ins gemein mit Pfeilen so forne keine Spitze habe/ sondern stumpf sind wegen der Fälle/ darum man sie meistenstheils fange/ damit selbe nicht zerlöchert werden: und auf solche Weise ist auch die Marder-Jagt beschaffen.*

*(26) **Scheffer S. 254 / 255**: Wann sie essen/sitzensie auff der blossen Erde/ohne Bäncke oder Stüle/ oder auff einer ausgesprieteten Haut/ mit übereinander geschränckten und hinterwärts gebäugten Knien und Füssen/ in einem runden Kreise…..*

Offtmals nimbt ein jeeer auß dem Kessel so viel ihm genug zu seyn düncket/ und wann so bald kein Tuch verhanden/leget ers auff die Handschuhe oder Mütze.

(27) Scheffer S. 370: Sie haben keine Galle/ sondern anderer Stelle eine kleine schwartze Ader in der Leber/ so aber auch so bitter nit ist wie sonsten eine Galle.

(28) Scheffer S. 386/387: Wann sie verschwinden wollen/ lauffen sie hauffenweiß zu den Seen/ sitzen auff kleinen Baumrinden/ und haben die Schwäntze in die Höhe als wann sie seglen wollen/ werden aber vom Winde und Ungestüm überfallen/ daß sie ersauffen……

Die Cörper aber hat die Natur daß er nicht sincket/ sondern todt an das Ufer schwimet/allwo derselben zum öfftern eine merkliche Anzahl gefunden wird/ auch/ wo sie nicht lange gelegen können Felle noch gebrauchet werden.

(29) Scheffer S. 343: Sie legen ihre Kinder in außgehöhlete höltzerne Körbe/ so sie mit Leder überziehen…….

In diesen Körben binden sie die Kinder mit einem Riemen an/ und an statt der leinen Windeln legen sie die unten in den Korb den rohten/weichen und zarten Mooß den sie deß Sommers trucknen……. Und ändern sie so offt/ so vielmal sie das Kind aufffnehmen.

(30) Scheffer S. 231/232: An diesem Gürtel hänget eine Scheide mit einem Messer/ eine viereckige Tasche/ so etwas länger als es breit/ ein lederner Beutel/ und letztlich ein Futter darin sie Nadeln und Zwirn haben.

…… In dieser Tasche verwahren sie den Feuerstein/…….. ferner den Staal und Schwefel Feuer zu schlagen/ wann sie wohin gelangen.

(31) Scheffer S. 233: Die Form ist so / als wie unsere Schlaff-Mützen. Der Zeug den sein dazu brauchen /ist gefärbtes Tuch…….oder endlich das Fell von einem Vogel Loom (finn.kiukka) genant/ an welchem noch die Federn sitzen.

……Es sind aber diese Schuhe gantz und gar von Reenthier-Fellen gemacht……/ mit einem Loch von oben/ da man den Fuß hinein stecken Kann / vornen ist ein krummer Schnabel/ so spitz zugehet

(32) Scheffer 238/239: Alle Lappischen Weiber tragen auff der Brust einen Schmuck wie ein Kragen gestaltet/ so sie Kracka nennen/ auff selbigem hefften sie einen grossen Hauffen silberner Buckeln oder Knöpffe/ so sie entweder so schlecht weg stehen/ oder auch wol vergolden lassen/ daran hängen kleine Plaettgen/ und dieses ist ihr groesster und fürnembster Zierrath.

(33) Scheffer S. 265 u.folgende: *Ferner legen sie ihn auff einen Schlitten/ und ziehen ihn mit Hülffe eines Renthies zu der Kaaten wo sie ihnen sein Fleisch zu kochen für genommen. .....*

Alle miteinander folgen ihme nach mit grosser Freude und Frolocken/ und singen einander ein Lied/ ......

Sie pflegen aber also fort/ wo es sich nur schicket/ an dem Orte da sie den Bären umbgebracht/ eine Hütte auffzubauen/ allwo sie ihm die Haut abziehen/ kochen/ ....

(34) Scheffer S. 384: *Schwartze Brandt-und Creutz-Füchse/ aschfarbe und weisse Füchse. Die schwartzen/weil sie selten gefangen werden/sin die köstlichsten bey den Moscovitern gebrauchen selbe die fürnehmsten Herren zu ihren Mützen.....*

(35) Scheffer S. 389: *Sie fallen... mit dem Platzregen auß der Lufft .....*

Warum diese Thiere scheinen vom Himmel zu fallen/ ist diese/daß/ da sie zuvor sich nicht merken lassen/ nach dem Regen auß ihren Löchern hervorkriechen..

(36) Scheffer S. 397: *Was die Fische belanget/ist derselben in Lappland ein unglaublicher Überfluss / Sie fangen die Fische in großer Menge.....*

(37) Scheffer S. 398: *Es ist fast in gantz Europa kein reicherer Lachsfang als in den Bothnischen Meer gegen Lappland zu/ auß dessen Bergen ungeheure Flüsse süssen Wassers herabschiessen.*

(38) Scheffer S. 399: *Unter anderen Fischenfangen sie eine Art grosse Sijkaer .... Dieser Fisch ist so fett und guten Geschmacks/ daß ich nicht wüßte/ ob eine einzige andere Art Fische mit ihnen zu vergleichen.*

(39) Scheffer S. 29: *Das Schwedische Lappland wird getheilet in die Kiemische/ Tornische/ Lulische/Pithische / Umische / und Angermanlandische Lappmark. ... Diß Angermanlandische Ampt fasset er mit den Umischen in eines/ weil sie beyde von einem eintzigen Amptmanne regieret/*

(40) Scheffer S. 413: *Die zweyte ist eben derselben Marck mit Namen Junesvando, umb das Jahr MDCXL von einem Einwohner dieses Ortes/ Laurentius genant/entdecket.*

Der Verfasser:

Der achtzigjährige Verfasser der Nacherzählung war in seinem beruflichen Leben als Arzt sowohl in Deutschland als auch in Finnland tätig. So wurde er als deutscher Muttersprachler mit der finnischen und schwedischen Sprache konfrontiert, beide Amtssprachen in Finnland. Als Pensionär besuchte er französische Sprachkurse der VHS. Auf einem altsprachlichen Gymnasium erzogen, konnte er teils bei der Übersetzung von Regnards Werk seine Kenntnisse in Latein nutzen. Nachdem der Zwang zur beruflichen Fachliteratur weggefallen ist, findet er heute die Zeit, privat sich insbesondere mit kulturhistorischen Themen zu befassen. Bisher sind von ihm seine dreiteilige Biografie und ein Buch über seine Reisen mit einem Oldtimertraktor von Norddeutschland nach England, zum Großglockner, in den Bayerischen Wald und nach Wien erschienen:

- Kein langweiliges Leben Teil 1/3. Woher ich komme, wohin ich ging. ISBN 978-3-7439-7364-0
- Kein langweiliges Leben Teil 2/3. Glücklich in Finnland. ISBN 978-3-7439-7366-4
- Kein langweiliges Leben Teil 3/3. Zurück in Deutschland. ISBN 978-3-7439-7368-8
- Reisen mit dem Traktor. ISBN 978-3-7439-8578-0